SCRIPTORES AETHIOPICI

SERIES PRIMA — TOMUS XXXI

PHILOSOPHI ABESSINI

CORPUS
SCRIPTORUM CHRISTIANORUM ORIENTALIUM
CURANTIBUS
J.-B. CHABOT, I. GUIDI
H. HYVERNAT, B. CARRA DE VAUX

SCRIPTORES AETHIOPICI

VERSIO

SERIES PRIMA — TOMUS XXXI

PHILOSOPHI ABESSINI

INTERPRETATUS EST E. LITTMANN

PARISIIS
E TYPOGRAPHEO REIPUBLICAE

CAROLUS POUSSIELGUE, BIBLIOPOLA
15, RUE CASSETTE, 15

LIPSIAE : OTTO HARRASSOWITZ

MDCCCCIV

PHILOSOPHI ABESSINI

SIVE

VITA ET PHILOSOPHIA MAGISTRI ZAR'A-YĀ'QŌB EIUSQUE DISCIPULI WALDA-ḤEYWAT PHILOSOPHIA

INTERPRETATUS EST E. LITTMANN.

Duos libellos quos publici iuris facere iam pridem mihi proposui, si brevem viri clarissimi Antoine d'Abbadie descriptionem legeris (*Catalogue raisonné de ms. éthiopiens*, p. 212), cognosces a reliquis Abessinorum libris funditus diversos esse : dum maior pars litterarum Aethiopicarum e peregrinis linguis versa est, hi duo libri ab Abessinis scripti ipsorum indole imbuti sunt, atque hanc ob rem studium nostrum excitatur. Tamen, ut ita dicam, hi flores ex Aethiopico solo crescere non potuerunt, nisi externo rore essent irrigati. Neque enim dubium est quin Zar'a-Yā'qōb et Walda-Ḥeywat quodam modo peregrinis opinionibus recti fuerint; iam lingua qua scripserunt, etsi genuina Aethiopica est, nonnullis locis linguam Arabicam quasi redolet. Nihilominus omnia, quae nobis dicunt duo illi viri, nativo colore affecta multaque ab ipsis excogitata sunt.

Dum igitur inscriptionem huius voluminis legis, noli neglegere nomen adiectivum quo hi philosophi appellantur «Abessini». Ne exspectes te systemata philosophica esse reperturum : sed philosophos agunt illi quia de summis huius mundi rebus meditati suo modo philosophiam metaphysicam et moralem instituerunt. Etsi pauca ab iis dicta nobis propemodum inania videntur, tamen ambo veritatis et verum indagandi studio tenebantur; quamquam Zar'a-Yā'qōb se Christianum esse negat, et discipulus eius sine dubio magistrum secutus est, tamen plurimas cogitationes suas morales et metaphysicas e religione Christiana hauserunt, imo ipsis fere sententiis Scripturarum ad eas proferendas haud raro usi sunt. Zarʾa-Yāʿqōb magister omnia originali ratione tractat : discipulum eius Walda-Ḥeywat epigonum esse neminem fugiet, quia fusius de rebus disserit atque multa praecepta moralia tradit.

De nostris philosophis breviter tractavit cl. vir B. Touraïeff (Абиссинскіе свободные мыслители XVII вѣка. Petropoli, 1903).

Capitula et versiculos sacrae Scripturae, librorum copia hic mihi deficiente, secundum ordinem Vulgatae latinae adnotavi.

Enno Littmann.

Dabam Oldenburgi, mense Augusto, anno p. Chr. n. MDCCCCIV.

I

VITA ET PHILOSOPHIA ZAR'A-YĀ'QŌB.

[CAPUT PRIMUM.]

In nomine Dei qui solus est iustus. Describam vitam Zar'a-Yā'qōb atque sapientiam eius inquisitionemque quam ipse fecit dicens : «Venite, audite me; ego dicam vobis omnibus, qui Deum metuitis, quomodo Deus mecum ipso egerit[1]»; ecce coepi. * p. 3.

In nomine Dei qui est creator omnium rerum primus et ultimus, omnia complectens, fons omnis vitae et omnis sapientiae, scribam nonnulla ex omnibus quae mihi per longos vitae meae annos acciderunt. Atque in Deo anima mea glorificetur : audiant mites gaudeantque. Ego enim quaesivi Deum et me accepit. Nunc autem vos appropinquate ad eum et vobis lucem dabit, neque facies vestra pudore afficietur. Magnificate Deum mecum atque unanimiter nomen eius extollamus[2].

Origo autem nativitatis meae e sacerdotibus Axumae fuit. Sed natus sum a paupere quodam agricola in ditione Axumita die XXV mensis naḥasē, anno III regni *regis* Yā'qōb, anno post Christum natum MDXCII. Et baptizatus sum in nomen Zar'a-Yā'qōb : homines autem appellabant me Warqē. Et cum adultus essem, pater meus me in scholam misit ut instruerer. Et postquam psalmos Davidis legi, magister meus dixit patri meo : «Puer iste, filius tuus, clara mente ac patiens est discendi; atque si eum in scholam *meliorem* miseris, magister et doctor erit.» Quae cum audisset pater meus misit me ut addiscerem zēmā (*cantum sacrum*). Sed vox mea non pulchra ac fauces meae asperae erant; quamobrem sociis meis ludibrio et derisioni eram. Ibique tres menses degi; tunc autem surrexi e tristitia animi mei atque ad alium magistrum ii qui qĕnē (*hymnos*) et sawāsew[3] docebat. Et Deus prudentiam mihi

[1] Cf. *Ps.* LXV, 16. — [2] Cf. *Ps.* XXXIII, 3-6. — [3] Stricto sensu : «vocabularia»; sed fere quod apud nos «litterae humaniores» significat vox.

dedit ut citius discerem quam socii mei, quae res gaudium mihi attulit loco prioris tristitiae; ibique IV annos degi. Illis autem diebus Deus me tamquam ex ipso mortis oculo eripuit : nam cum
*p. 4. luderem cum sociis meis in abyssum cecidi ac nescio *qua re servatus sim, nisi quod Deus me miraculo servavit. Et servatus abyssum 5 illam funi longo mensuravi, ac viginti quinque ulnas unamque spithamam *alta* reperta est. Ego autem vivus surrexi et domum magistri mei ivi laudans Deum qui me servavit. Postea surrexi atque ut interpretationem librorum sanctorum addiscerem profectus sum. Qua in doctrina decem annos manebam; et didici libros quomodo 10 interpretentur eos Franci atque etiam quomodo magistri terrae nostrae eos interpretentur. Interpretatio autem illorum hominum saepe non cum ratione mea congruebat; at tacebam et omnia mentis meae cogitata in corde meo abscondebam. Et postea, in terram meam, quae est Axumae, reversus docere coepi libros per quattuor 15 annos. Sed hoc tempus erat tempus malum : nam anno XIX regni Socinii[1] cum abūna Alphonsus[2], e gente Francorum, advenisset, duobus annis post, magna afflictio in tota Aethiopiae terra fuit. Rex enim fidem Francorum accepit, et propterea omnes qui hanc fidem non acceperunt persequebatur. 20

CAPUT II.

Cum autem in terra mea libros docerem multi e sociis meis me oderant. Illo enim tempore amor proximi extinctus et homines aemulatione affecti sunt. Ego inter ceteros praestabam doctrina et amore proximi et cum omnibus pacem colebam, etiam cum Francis et Coptis. Et docens librosque interpretans dicebam : 25 «Hoc et illud dixerunt Franci» aut «Hoc et illud dixerunt Copti», neque dicebam : «Hoc bonum, illud malum est», sed dicebam : «Omnia haec bona sunt, si nos ipsi boni sumus». Et propterea omnes oderant me : Coptis enim videbar Francus, Francis autem videbar Coptus. Ac saepenumero accusabant me penes re- 30 gem, sed Deus me servavit. Tunc autem profectus est inimicus quidam meus e sacerdotibus Axumae, cui nomen erat Walda-Yōḥannes quique amicus regis erat : nam lingua perfida amor regum

[1] Regnavit annis p. Chr. 1607-1632. — [2] Alphonsus Mendez, Iesuita Lusitanus, qui anno 1626 a rege Socinio solemnem professionem fidei Romanae obtinuit.

obtinetur. Ille autem perfidus homo ad regem ingressus de me dixit: «Profecto iste vir seducit homines iisque dicit oportere nos surgere pro fide nostra et occidere regem et expellere Francos.» His et *similibus verbis accusabat me valde. Ego autem, cum haec * p. 5.
5 cognovissem, veritus, tres uncias auri quas possidebam et psalmos Davidis, quibus orarem, sumpsi et noctu inde aufugi. Sed nemini quo vaderem aperui. Et in campum ad flumen Takkazī veni, et secundo die, cum esurirem metuens exii ut panem ab incolis terrae peterem; atque cum panem mihi dedissent, ego edi et fugiens
10 abii. Et sic multos dies agebam. Et cum versus Šoam irem, repperi campum ubi nulli erant homines. Et sub altam abyssum erat spelunca pulchra, et dixi : «Maneam hic, nescientibus hominibus.» Atque illic mansi duos annos usque ad mortem Socinii *regis*. Nonnullis autem temporibus egressus ad emporium ibam vel in terram quandam
15 Amharae, cum incolis Amharae monachus anachoreta stipem mendicans viderer, et quae essem mihi dabant. Homines autem nesciebant quo me reciperem. Atque cum solus essem in spelunca mea videbar mihi esse in regno coelorum. Nolebam enim cum hominibus esse, sciens improbitatem eorum infinitam. Atque speluncam meam
20 ornavi sepe lapidum et veprium ad arcenda animalia agrestia ne devorarent me noctu, et feci exitum ut aufugerem si quando homines petentes me venirent; ibique eram in pace et precabar e toto corde meo psalmis Davidis et Deum me esse auditurum sperabam.

CAPUT III.

Atque cum post orandum non esset mihi quod laborarem, cogi-
25 tabam per totos dies de discordiis hominum et de eorum improbitate et de sapientia Dei creatoris eorum qui tacet dum homines male agunt in nomine ipsius et proximos persequuntur et fratres suos interimunt. Nam his diebus Franci praevaluerunt. At non Franci solum, sed incolae terrae nostrae etiam peiores erant quam
30 illi. Et qui acceperant fidem Francorum dicebant : «Copti abnegarunt rectam sedis Petri fidem, et inimici Dei sunt»; et propterea persequebantur eos. Idemque faciebant Copti propter fidem ipsorum. Et ego cogitabam dicens: «Si Deus est tutor hominum, quid corrupta est natura eorum tanto opere?» dixique: «Quomodo scit
35 Deus, aut estne qui sciat in coelis? Ac si est qui sciat, cur tacet de improbitate hominum cum polluunt *nomen ipsius et inique agunt * p. 6.

in sancto eius nomine?» Et cogitabam multum, sed nihil cognovi. Et orans dicebam : «O Domine mi, et creator, qui creasti me rationalem, fac me intellegentem, et sapientiam tuam secretam aperi mihi. Lucidos redde oculos meos ne dormiant usque ad mortem. Manus tuae me fecerunt et finxerunt; redde me intellegentem 5 ut iussa tua percipiam. Neque enim multum aberat quin declinarent pedes mei aut solum meum lapsaret[1]; atque hic labor est prae me.» Haec et similia quum orarem, die quodam cogitabam dicens : «Ad quem precer aut estne deus qui audiat me?» Qua cogitatione valde contristatus sum et dixi : «Incassum igitur cor meum justificavi» (ut 10 inquit David[2]). Et postea cogitabam de iis quae idem ait David dicens[3] : «Qui plantavit aurem nonne audit»; et dixi : «Profecto quis dedit mihi aurem ut audiam, et quis creavit me rationalem, et quomodo veni in hunc mundum? Et unde veni? Neque enim fui ante mundum, ut scirem initium vitae meae aut initium conscien- 15 tiae meae. Quisnam creavit me? Num egomet ipse creatus sum mea manu? Sed non fui tunc cum creatus sum. Sin autem dico patrem meum et matrem meam creasse me, iam vero quaeritur creator parentum meorum atque parentum eorum usquedum venerint ad primos qui non creati sunt ut nos, sed qui in hunc mundum 20 venerunt alio modo sine genitore. Nam si hi quoque creati sunt nescio unde fuerit exordium nativitatis eorum nisi dicam : Qui creavit eos e nihilo, una essentia est quae non est creata, sed quae est, et erit usque in omnia saecula, dominus omnium et complectens omnia, sine principio aut fine, immutabilis, cuius anni 25 nequeunt numerari.» Et dixi : «Ergo est creator; nam si creator non esset, creatura non esset. Sumus enim nos; creatores autem non sumus, sed creati; ergo oportet nos dicere : Est creator, qui creavit nos. Atque hic creator qui nos intellegentes et rationales creavit, fieri non potest quin sit intellegens et rationalis. Nam ex 30 abundantia intellegentiae suae creavit nos intellegentes idemque omnia intellegit, omnia creavit, omnia potest.» Et dicebam : «Creator meus audiet me, si precabor ad eum», et propter hanc cogitationem gavisus sum gaudio magno valde. Et precabar magna cum spe et amavi creatorem meum ex toto corde meo dicens : «Tu, 35 Domine, scis omnem cogitationem cordis mei eminus. Nam ecce tu nosti omnia priora et posteriora; et omnes vias meas tu primus

[1] Cf. *Ps.* XII, 4, 5; CXVIII, 73; LXXII, 2. — [2] *Ps.* LXXII, 13. — [3] *Ps.* XCIII, 9.

nosti. *Propterea *in psalmo*[1] dictum est : « Tu scis eminus. Nam Deus novit cogitationes meas antequam natus sum », et dixi : « O mi creator, redde me intellegentem. »

* p. 7.

CAPUT IV.

Et postea cogitabam dicens : « Suntne vera omnia quae scripta sunt 5 in libris sacris? » Ac quamquam multa cogitabam, nihil intellexi, et dixi : « Eam ut interrogem homines doctos et inquirentes, et dicent mihi verum. » Sed postea cogitabam dicens : « Quid respondebunt mihi homines, nisi quod sit in corde eorum? » Omnes enim dicunt : « Mea fides recta est, et qui credunt in fidem aliam credunt in 10 falsum, et inimici Dei sunt. » His autem diebus Franci dicunt nobis : « Fides nostra bona est, sed fides vestra mala. » Ac nos respondentes dicimus eis : « Non ita, sed vestra fides mala, fides nostra bona. » Praeterea Mohammedani et Iudaei si rogemus eos, idem dicent, et in hac lite quis est qui iudicet? Non *potest iudicare* quisquam e 15 filiis hominum ; nam omnes homines sunt actores et rei inter semet ipsos. Ego autem olim rogavi magistrum quendam Francum de multis quaestionibus fidei nostrae; idemque iudicavit omnia secundum fidem suam. Atque postea rogavi magistrum quendam valde doctum Aethiopem, idemque omnia iudicavit secundum fidem 20 suam. Ac si rogaverimus Mohammedanos aut Iudaeos, isti quoque iudicabunt secundum fidem ipsorum; et ubi inveniem qui iudicet vere? Nam ut fides mea videtur mihi vera, ita fides alterius ei videtur vera; sed veritas una est. Quae cum cogitarem, dixi : « O sapiens sapientium et iustus iustorum, creator mi, qui me creasti 25 intellegentem, tu fac ut intellegam, nam apud homines non reperitur sapientia aut veritas; sed prout dixit David[2], omnes homines sunt mendaces. »

Et cogitabam dicens : « Cur mentiuntur homines in hac re gravis momenti, ita ut se ipsos perdant? » atque visum est mihi eos men- 30 tiri quia putantes se scire tamen nihil sciunt. Nam putantes se scire, hanc ob causam non inquirunt ut reperiant verum. Et dixit David[3] : « Cor eorum coagulatum est ut lac. » Nam cor eorum coagulatum est in eo quod a prioribus audierunt neque inquirunt utrum verum sit *an falsum. Ego autem dixi : « O domine, qui 35 afflixisti me, decet me scire iudicium tuum. Tu castiga me veritate

* p. 8.

[1] Cf. *Ps.* CXXXVIII, 3-5. — [2] *Ps.* CXV, 11. — [3] *Ps.* CXVIII, 70.

et admone me misericordia. At oleo peccantium et mendacium magistrorum caput meum ne unguatur[1] : tu fac ut intellegam, nam creasti me intellegentem.» Et cogitabam dicens : «Si intellegens sum, quidnam intellego?» Et dixi : «Intellego esse creatorem, qui maior est quam omnes creaturae; nam ex abundantia magnitudinis suae creavit magnas res. Et intellegens est, quippe qui omnia intellegat; nam ex abundantia intellegentiae suae creavit nos intellegentes; atque oportet nos adorare eum, quia dominus omnium est. Et si precabimur ad eum, audiet nos; nam omnipotens est.» Et cogitabam dicens : «Si Deus creavit me intellegentem, non frusta talem creavit me, verum ut quaeram et intellegam eum et sapientiam eius in ea qua creavit me via, atque adorem eum quamdiu vivam.» Et cogitabam dicens : «Cur non omnes homines intellegunt verum, sed *credunt* falsum?» Ac mihi videbatur *causam esse* quod natura hominum debilis est et segnis. Homini autem placet verum et valde id amat et arcana creationis cognoscere vult, sed haec res difficilis est nec percipitur sine magno labore et patientia, ut dixit Salomon[2] : «Dedi cor meum ad quaerendum et perscrutandum sapientia omnia quae creata sunt sub sole. Nam laborem durum Deus hominibus dedit ut laborent»; propthereaque homines nolunt quaerere, sed festinant credere quae audiverunt a patribus suis non quaerendo. Iam vero Deus hominem creavit dominum actionum suarum ut sit qualis velit esse, sive bonus sive malus. Ac si mavult se esse malum et mendacem, licet ei usquedum invenerit iudicium quod pravitati suae debeatur. Praeterea placet homini quod carnem eius iuvat, quia carnalis est; et quaerit quae caro sua optat omni ratione nancisci, sive bona sive mala. Nequaquam enim Deus hominem creavit malum, sed ei optionem dedit ut sit qualis velit, utque propter hanc optionem dignus sit aut mercede si bonus sit aut iudicio si malus sit. Mendax autem homo petens possessiones sive gloriam apud homines, si haec per falsum nancisci potest, falsum dicit id verum esse ratus. *Atque hominibus qui inquirere nolunt verum videtur et credunt id magna credulitate. Tandem quaeso, quot falsa credunt nostrates! Credunt magna credulitate in computationem stellarum aliasque computationes, praeterea in mussitandis nominibus arcanis et portenta et in eliciendos daemones et in omnem artem magicam et omnia verba hariolorum. Sed credunt

* p. 9.

[1] Cf. *Ps.* CXL, 5. — [2] *Eccle.*, I, 13.

omnia haec non quod inquirentes vera reppererunt sed quod audiverunt a prioribus. Atque hi priores cur haec mentiti sunt nisi possessiones et gloriam nanciscendi causa? Itemque qui populum regnare volebant, dixerunt : « Deus nos misit ad vos ut verum vobis praedicemus »; et credidit populus. Et qui post eos venerunt non inquisierunt in fidem patrum suorum qui eam acceperant sine disquisitione; iam vero eam corroboraverunt addentes historias signorum et portentorum, ut fidem suam veram esse probarent. Dixerunt enim : « Deus haec fecit »; et Deum testem falsi fecerunt et socium hominum mendacium.

CAPUT V.

Sed inquirenti cito aperitur verum. Nam qui inquirit pura intellegentia, quam creator in corde hominum posuit, spectans versus ordines et leges creationis, is verum nanciscetur. Dixit Moses[1] : « Missus sum a Deo ut annuntiem vobis voluntatem et legem eius »; et qui post eum venerunt, addiderunt historias portentorum quae in terra Aegypti et in monte Sinai facta esse dixerunt, et verba Mosis vero assimilaverunt. Sed inquirenti non videntur[2] vera. Nam in libris Mosis sapientia turpis invenitur, quae non congruit cum sapientia creatoris neque cum ordine legibusque creationis. Dei enim voluntate et ordine creationis statutum est ut vir et femina conveniant concubitu carnali ad liberos gignendos, ne progenies hominum extingueretur. Atque is concubitus quem Deus in lege creationis statuit, nequit esse impurus, quia Deus opera manuum suarum non inquinat. Moses autem dixit omnem concubitum esse immundum; sed intellegentia nostra nos docet eum qui dixerit haec falsum esse et facere ut ipse creator mentiatur. Iam vero legem Christianorum a Deo esse dixerunt, et miracula ad hoc probandum reperiuntur. Verum, intellegentia nostra dicit nobis et probat nobis matrimonium e lege creatoris esse; et tamen lex monastica irritam reddit sapientiam creatoris, quia *prohibet liberos gigni, et genus humanum extinguit. [* p. 10.] Et lex Christianorum cum dicit vitam monasticam praestantiorem esse quam matrimonium, falsum dicit neque a Deo est. Nam id quod legem creatoris diruit quomodo potest praestantius esse quam sapientia ipsius, an potest consilium hominum emendare quae Deus fecit? Itemque dixit Mohammedus : « A Deo accepi quae

[1] Cf. *Ex.*, III, 13. — [2] Legendum videtur ኢይመስሉሙ.

vos iubeo»; ac scriptores miraculorum non desierunt missionem Mohammedi probare et *homines* in eum crediderunt. Nos autem scimus doctrinam Mohammedi non posse a Deo esse; nam homines qui nascuntur viri et feminae omnes sunt pari numero, ac si numeramus viros et feminas qui sunt in una ampla terra inveniuntur singulae feminae pro singulis viris, neque inveniuntur octonae vel denae feminae pro singulis viris; lex creationis enim iubet ut singuli singulas in matrimonium ducant, ac si singuli viri denas mulieres sumpserint, noni viri sine muliere relinquentur. Qua re diruuntur ordo creatoris et leges naturae, et irrita redditur utilitas matrimonii; Mohammedus qui docuit in nomine Dei licere uni viro multas sumere mulieres, mendax est neque a Deo missus est. Haec pauca inquisivi de matrimonio.

Itemque dum inquiro de ceteris rebus quae sunt in Pentateucho et in lege Christianorum et in lege Islami invenio multa quae non congruunt cum veritate et iustitia creatoris nostri quam intellegentia nostra nobis aperit. Deus enim lucem intellegentiae in corde hominis posuit ut videat bonum et malum, cognoscat quid liceat et quid non liceat, distinguat inter verum et falsum, «atque ut lucem videamus per lucem tuam, o Domine[1]!» Atque haec lux intellegentiae nostrae, si videmus per eam prout debemus, non potest nos decipere; nam Deus dedit nobis hanc lucem ut ea servemur, non ut pereamus *ea*. Atque quidquid nobis lux intellegentiae monstrat, id e fonte veritatis est, sed quae homines dicunt, e fonte mendacii sunt, et intellegentia nostra nos docet omnia quae creator statuerit recta esse. Creator autem bona sapientia statuit ut sanguis emanet menstruus ex utero feminae. Atque hoc effluvio sanguinis vita feminae indiget ad gignendos liberos; femina autem quae caret hoc effluvio sanguinis sterilis est neque potest *parere, quia natura eius corrupta est. Verum Moses et Christiani hanc sapientiam creatoris impuram declararunt, atque Moses omnia etiam quae talis femina tangit impura declarat; quae lex Mosis molestum facit matrimonium et totam vitam feminae et irritam legem inter se iuvandi et prohibet liberos educare et delet amorem. Quam ob rem haec lex Mosis non potest esse e creatore feminae. Iam vero dicit nobis intellegentia nostra oportere ut sepeliamus fratres nostros mortuos. Et corpora eorum non sunt impura nisi secundum sapientiam Mosis; non *sunt*

* p. 11.

[1] *Ps.* xxxv, 10.

secundum sapientiam creatoris nostri qui creavit nos e pulvere ut revertamur ad pulverem. Deus autem non impurum facit ordinem ipsius quem magna sapientia omnibus creaturis imposuit, sed homo eum impurum facere vult ut glorificet vocem mendacii.

5 Praeterea dixit Evangelium[1] : «Qui non reliquerit patrem et matrem et mulierem et liberos non dignus est Deo.» Hac derelictione natura hominis corrumpitur. Deus autem non acquiescit in creaturae suae interitum, atque intellegentia nostra nos docet relinquere patrem et matrem tempore senectutis ita ut moriantur 10 auxilio deficiente, magnum esse peccatum, neque Dominum esse deum qui amet improbitatem, et relinquere liberos peius esse quam *quod* animalia silvestria *faciunt* quae non derelinqunt catulos suos. Qui autem relinquit mulierem suam facit ut ea moechetur, et diruit ordinem creatoris et leges naturae. Et quod attinet ad id quod 15 Evangelium dixit hoc loco fieri non potest ut a Deo sit. Iam vero Mohammedani dixerunt licere venire et emi hominem ut animalia. Sed per intellegentiam nostram scimus hanc legem Mohammedanam non posse emanare e creatore hominis qui nos aequales creavit, ut fratres, ita ut creatorem nostrum appellemus patrem 20 nostrum. Mohammedus autem fecit hominem debilem possessionem fortis et creaturam rationalem aequavit cum animalibus irrationalibus; num potest emanare a Deo haec improbitas?

Itemque Deus non iubet inania neque dicit : «Hoc edes, illud non edes; hodie ede, cras ne edas; carnem ne edas hodie, ede cras», 25 sicut videtur iis qui tenent leges ieiunii apud Christianos. Neque Mohammedanis dixit Deus : «Edite noctu, at interdiu ne edatis»; aut his similia. Nam ratio nostra nos docet licere nobis edere omnia quae valetudini et naturae nostrae non nocent, et edere cotidie quantum nos satiat secundum vitae nostrae necessitatem. 30 At uno die *edere, altero die ieiunare detrimento est valetudini, * p. 12. atque lex ieiunandi excedit ordinem creatoris qui *potiones et* cibos creavit vitae hominis et vult nos edere eos gratesque sibi agere, neque decet nos abstinere beneficiis eius. Et si qui sunt qui dixerint mihi, ad interimendam concupiscentiam carnis constitutam 35 esse legem ieiunandi, respondeo illis : «Concupiscentia carnis qua attrahitur vir ad feminam et femina attrahitur ad virum e sapientia creatoris est neque licet perdere illam nisi secundum legem notam

[1] Cf. MATTH., X, 37; LUC., XIV, 26.

quam Deus instituit de concubitu legitimo. Neque enim Deus frustra posuit hanc concupiscentiam in carne hominum et omnium animalium, sed plantavit eam in carne hominis ut sit fundamentum vitae huius mundi et stabiliat omnem creaturam in ea quae ei destinata est via. Atque ne haec concupiscentia modum suum excedat oportet nos edere secundum necessitatem nostram, quia satietas nimia et ebrietas valetudinem et laborem perdunt. Ut autem non peccat qui edit secundum necessitatem suam die dominica et diebus quinquaginta[1], ita is non peccat qui edit feria sexta et diebus ante Pascham. Deus enim creavit hominem cum desiderio edendi aequali omnibus diebus et omnibus mensibus. Iudaei autem et Christiani et Mohammedani non intellexerunt opera Dei cum legem ieiunandi instituerunt, et mentiuntur cum dicunt Deum nobis ieiunium imposuisse et prohibere nos edere; nam Deus creator noster nobis cibos dedit ut alamur, non ut eis abstineamus.

CAPUT VI.

Est autem alia magna inquisitio *haec* : Omnes homines aequales sunt coram Deo, et omnes intellegentes, ipsius creaturae; ipse autem non creavit unum populum vitae, alterum morti, unum misericordiae, alterum iudicio. Et ratio nostra nos docet hoc partium studium non inveniri penes Deum, qui iustus est in omnibus suis operibus. Moses autem missus est ut Iudaeos doceret solos, et David ipse dixit[2] : «Non fecit taliter cum aliis nationibus, neque aperuit eis legem suam.» Cur aperuit Deus legem suam uni nationi, alteri non aperuit? Atque his diebus Christiani dicunt : «Doctrina Dei non reperitur nisi apud nos»; idemque dicunt Iudaei et Mohammedani et Indi *aliique. Praeterea Christiani non consentiunt inter se : Franci enim dicunt nobis : «Non est doctrina Dei apud vos, sed apud nos est»; nos ipsi quoque idem dicimus, et si audiremus homines non venisset doctrina Dei nisi ad paucissimos. At ne scimus quidem ad quem venerit ex his omnibus. Num Deus nequit stabilire verbum suum apud homines quandocumque placet ei? Sed sapientia Dei consilio optimo non sivit homines consentire de falso, ne iis verum videatur. Nam si omnes homines

[1] A Pascha usque ad Pentecosten, quo tempore prohibetur ieiunium. — [2] *Ps.* CXLVII, 20.

de re quadam consentiunt, haec res vera apparet; sed fieri non potest ut omnes homines consentiant de falso, sicut nequaquam consentiunt de fide sua. Quaeso, cogitemus qua re omnes homines consentiant dicentes esse Deum, creatorem omnium rerum? Quia
5 ratio omnium hominum scit haec omnia quae videmus creata esse neque creaturam posse inveniri sine creatore, et esse creatorem hoc verum est. Propterea de hac re omnes homines consentiunt. Verum si inquirimus de fidebus quas homines docent, non consentimus de iis, quia in iis verum mixtum est cum falso. Et homines litigant
10 inter se; unus enim dicit: «Hoc verum est»; alter dicit: «Non ita, sed falsum est.» Omnes autem mentiuntur si vocem hominum faciunt vocem Dei. Et cogitabam dicens: «Etiamsi fides hominum non ex Deo est, tamen hominibus necessaria est et bonas res producit, quia pravos deterret ne male agant et bonos consolatur in
15 patientia sua. Mihi autem talis fides videtur esse uxor viri quae peperit e scortatione, coniuge nesciente; coniux autem gaudet de puero ratus eum filium suum esse et amat matrem eius; si vero cognoverit eam peperisse e scortatione, contristatur et uxorem cum filio expellit. Itemque ego postquam cognovi fidem meam esse adul-
20 teram sive falsam, contristatus sum propter eam et propter filios quos peperit e scortatione qui sunt odium, persecutio, percussio, captivitas, mors, quum me pepulerunt in hanc speluncam. At ut verum dicam, haec fides Christiana qualis constituta est tempore *Evangelii non fuit mala, nam iubet homines inter se amare et om- * p. 14.
25 nem misericordiam exercere. Hoc autem tempore homines terrae nostrae demiserunt amorem Evangelii *et declinaverunt* ad odium et violentiam et venenum serpentis, et diruerunt fidem suam e fundamentis, docent res vanas et improbitatem exercent, ita ut falso appellentur Christiani.

CAPUT VII.

30 Et cogitabam dicens: «Cur sinit Deus homines mendaces seducere populum suum? Deus enim dedit omnibus singulis rationem ut cognoscant verum et falsum, et donavit eos optione qua eligant aut verum aut falsum prout velint. Itaque si volumus verum, quaeramus id ratione nostra quam Deus nobis dedit, ut per eam vi-
35 deamus quid nobis opus sit ex omnibus naturae necessitatibus. Verum autem non reperimus per doctrinam hominum, quia omnes homines mendaces sunt. Et si falsum vero anteponimus, non perit

hanc ob rem ordo creatoris neque lex naturalis toti naturae imposita, sed nos ipsi perimus errore nostro. Deus autem tuetur mundum ordine suo quem constituit quemque homines nequeunt delere, quia ordo Dei fortior est quam ordo hominum. Quam ob rem qui putant vitam monasticam praestantiorem esse quam matrimonium illi vi ordinis creatoris ad matrimonium attrahuntur; quique putant ieiunium iustificare animam, illi edent si esurient; quique putant eum qui possessiones suas relinquit, esse perfectum, illi propter utilitatem in possessionibus repertam attrahuntur ad possessiones quaerendas, et postquam reliquerunt eas, rursus eas quaerunt, sicut multi e monachis terrae nostrae faciunt. Itemque omnes mendaces ordinem naturae diruere volunt : sed fieri non potest quin mendacium suum debilitatum videant. Creator autem deridit eos, Dominus creationis eos subsannat[1]. Nam agnoscit Deus recte agendum, sed peccator operibus manuum suarum illaqueatur[2]. Propterea monachus qui ordinem matrimonii impurum habet, scortatione illaqueabitur aliisque peccatis carnalibus quae contra naturam sunt et pravis morbis. Quique possessiones suas despiciunt erunt hypocritae apud reges et homines divites ut possessiones adipiscantur. Quique consanguineos derelinquunt propter Deum, carebunt adiutore tempore calamitatis et senectutis atque maledicere et Deum hominesque blasphemare incipient. *Itemque omnes, qui ordinem creatoris diruunt, operibus suarum manuum illaqueabuntur. Iam vero admittit Deus errorem et malum inter homines quia animae nostrae in hoc mundo tanquam in terra temptationis sunt, in qua selecti a Deo probantur, ut dixit sapiens Salomon[3] : Nam Deus probavit iustos et invenit eos dignos ipso, et ut probatur aurum in fornace, ita eos probavit atque ut sacrificium acceptum eos accepit. Mortui autem et ad creatorem nostrum reversi, videbimus quomodo Deus omnia constituerit iustitia et magna sapientia et omnes vias eius veras esse et rectas. Quod anima nostra vivat post mortem carnis nostrae apparet; nam in hoc mundo desiderium nostrum non impletur; sed qui carent quaerunt, et qui habent addere volunt ei quod habent, atque etiamsi homo acquisierit omnia quae sunt in mundo tamen non satis habebit et plus cupiet. Quae dispositio naturae nostrae docet nos non esse creatos huic vitae soli, sed futurae

* p. 15.

[1] Cf. *Ps.* II, 4. — [2] Cf. *Ps.* IX, 17. — [3] *Sap.*, III, 5, 6.

quoque vitae ibique animas quae perfecerint voluntatem creatoris sui satiatum iri in perpetuum neque quidquam aliud esse optaturas. Et sine hac *dispositione* natura hominis foret imperfecta neque quidquam ex iis quibus indiget nancisceretur. Iam vero anima
5 nostra potest cogitare Deum ac videre eum mente; praeterea potest cogitare vitam aeternam. Neque in cassum Deus hanc cogitationem dedit, sed ut dedit cogitationem, ita dedit realitatem. Iam vero, in hoc mundo non impletur omnis iustitia : mali homines enim satis habent bonorum huius mundi, mites esuriunt, sunt mali qui
10 gaudeant, sunt boni qui doleant, sunt pravi qui exultent, sunt iusti qui fleant. Propter hoc requiritur post mortem nostram altera vita atque altera iustitia perfecta qua omnibus pro operibus suis retribuatur, quaque praemium recipiant qui voluntatem creatoris per lucem rationis revelatam perfecerint et legem naturae suae ob-
15 servarint. Lex naturae autem apparet, quia ratio nostra nobis eam clare dicit, si in eam inquirimus. Homines autem nolunt inquirere, sed malunt in verba hominum credere quam in creatoris sui voluntatem inquirere.

CAPUT VIII.

Voluntas Dei autem agnoscitur hoc brevi *verbo rationis nostrae * p. 16.
20 quae nobis dicit : Adora Deum creatorem tuum et ama omnes homines ut temet ipsum. Praeterea dicit ratio nostra : Ne facias hominibus quod eos tibi facere non vis, sed fac illis quod eos tibi facere vis. Praeterea decalogus Pentateuchi est voluntas creatoris si omittas *praeceptum quod est* de sabbato honorando, nam de hono-
25 rando sabbato ratio nostra tacet. Sed ne occidamus neu furemur neu mentiamur neu ad mulierem alius viri eamus : haec et similia facere nobis non licere ratio nostra nos docet. Itemque sex verba Evangelii sunt voluntas creatoris. Nos ipsi enim volumus homines nobis facere hanc misericordiam, et decet nos facere *eandem* aliis, quantum
30 possumus. Iam vero voluntas Dei est ut vitam et existentiam nostram in hoc mundo conservemus. Nam voluntate creatoris venimus et manemus in hac vita, neque licet nobis eam dimittere contra sanctam eius voluntatem. Et ipse creator vult nos ornare vitam nostram scientia et labore; nam ad hoc nobis rationem dedit et
35 facultatem. Quam ob rem labor manuum e voluntate Dei est quia sine eo necessitates vitae nostrae non implentur. Itemque matrimo-

nium unius cum una et educatio liberorum. Praeterea sunt multae aliae res quae congruunt cum ratione nostra et necessariae sunt vitae nostrae sive existentiae omnium hominum. Atque oportet nos observare eas, quia haec est voluntas creatoris nostri, et oportet nos scire Deum non creasse nos perfectos sed creasse nos rationales 5 et perfectioni idoneos, ut fiamus perfecti, quamdiu in hoc mundo sumus, et digni fiamus mercede quam creator noster sapientia sua nobis praeparavit. Potuit Deus creare nos perfectos et facere nos beatos in terra, verum noluit creare nos tales, sed creavit nos perfectioni idoneos et posuit nos inter tentationes huius mundi ut 10 fiamus perfecti et digni mercede quam daturus sit creator noster post mortem nostram, et quamdiu sumus in hoc mundo oportet nos laudare creatorem nostrum et perficere voluntatem eius et patientes esse usquedum nos ad se duxerit, et petere a benignitate eius ut leves reddat nobis dies tentationis et remittat nobis peccata 15 nostra et delicta quae nescientes commisimus; *atque det nobis intellegentiam ut cognoscamus leges creationis nostrae easque observemus.

* p. 17)

Quod attinet autem ad preces, oportet nos semper precari quia natura rationalis eo indiget. Atque anima intellegens quae novit 20 esse Deum qui omnia scit, omnia conservat, omnia regit, attrahitur ad eum, ita ut oret et petat ab eo bonas res, et malo liberetur et protegatur manu eius qui omnia potest et cui nihil impossibile est, Deus magnus et sublimis qui videt quae *supra et* infra sunt, omnia amplectitur, omnia intellegit, omnia ducit, omnia docet, pater 25 noster, creator noster, protector noster, praemium animis nostris, misericors, benignus, qui scit omnem calamitatem nostram, qui acquiescit patientiae nostrae, qui nos vitae non perditioni creavit, ut dixit sapiens Salomon[1] : «Tu, o Domine, doces omnia quia potens es super omnia et praetermittis peccata hominis expectans 30 resipiscentiam. Amas omnia quae sunt neque quicquam est quod despicias inter ea quae creasti : tu es indulgens et misericors erga omnem creaturam.» Deus autem creavit nos intellegentes ut cogitemus de magnitudine eius et laudemus eum et oremus ad eum necessitatum corporis et animae nostrae implendarum causa. 35 Haec omnia docet nos ratio nostra quam creator in corde hominis posuit. Quomodo possunt ea esse inania aut mendacia?

[1] *Sap.*, XI, 24, 25.

CAPUT IX.

Ego autem alio quoque modo novi Deum exaudire preces nostras, si oremus ad eum e toto corde nostro atque cum amore et fide et patientia : ego enim peccator cum adolescerem multum tempus nihil cogitabam de Dei operibus neque orabam ad eum,
5 sed peccabam multa quae naturam rationalem non decent, et propter peccata mea in retia incidi, quibus homo non potest liberari *per se ipsum* atque prorsus affligi coepi et terror mortis super me venit. Illo die ad Deum reverti et exorsus sum ad eum precari ut me liberaret, nam scit omnes vias salutis. Et Deo dixi : «Resipisco e
10 peccatis et quaero voluntatem tuam, o domine, ut faciam eam. Nunc autem remitte mihi peccata mea et libera me.» Atque e toto corde orabam per multos dies ; Deus autem audivit me et servavit me omnino ; ego vero laudavi eum et ad eum reverti e toto corde meo. Et dixi psalmum *cxiv : «Amavi, nam Deus exaudivit vocem *p. 18.
15 orationis meae.» Ac visum est mihi hunc psalmum scriptum esse mea causa. Tunc dixi : «Non moriar, sed vivam. Enarrabo ergo quae Deus fecit [1].»

Fuerunt enim qui semper me accusabant apud regem et dixerunt : «Iste homo inimicus tuus, et inimicus Francorum est» ; atque
20 novi iram regis exarsisse contra me. Et die quodam nuntius regis ad me venit, atque : «Veni, inquit, cito ad me, dixit rex». Ego autem valde metui, sed aufugere non potui quia viri regis me custodiebant. Et postquam noctem totam e corde tristi oravi, tempore matutino surrexi et profectus ad regem introii. Deus autem
25 cor regis lene fecerat ut me benigne acciperet neque quidquam mihi diceret ex illis quae metueram. Solum interrogavit me de multis rebus quae ad doctrinam et libros attinent dixitque mihi : «Cum vir doctus sis, oportet te Francos amare quia valde docti sunt.» Ego respondi : «Ita est» ; timebam enim, et Franci re vera
30 docti sunt. Tunc rex mihi quinque uncias auri dedit, atque in pace me dimisit. Et cum abissem, miratus Deo gratias egi qui mihi bene fecerat. Rursus cum Walda-Yoḥannes me accusavisset, aufugi, sed non *ad Deum* oravi ut antea ut me periculo eriperet, quia fugere poteram; nam decet hominem facere quantum possit
35 ipse, neque inaniter Deum tentare. Nunc autem laudo eum; nam

[1] *Ps.* CXVII, 17.

quia aufugi et in spelunca mea constiti occasionem adeptus sum vertendi me totum ad creatorem meum ut cogitarem quae antea numquam cogitavi, et verum cognoscerem quod animam meam delectat gaudio magno. Et Deo dico : « Profecto dignus fui quem afflictione afficeres, ut iudicium tuum agnoscerem. » Nam cum solus in spelunca mea essem, plus didici quam cum apud magistros essem. Quae autem in hoc libro scripsi, perpauca sunt; at multa quae his similia sunt in spelunca mea cogitavi. Et laudo Deum qui mihi sapientiam dedit et scientiam arcanorum creationis, et anima mea ad eum attrahitur et omnia despicit nisi cogitandum de operibus Dei eiusque sapientia. Et orabam omnes dies *corde expanso psalterium Davidis; quae oratio multum mihi prodest et cogitationem meam ad Deum elevat. Ac cum in psalterio Davidis reperio quae non congruunt cum cogitatione mea, ego ea interpretor et facio ut congruant secundum scientiam meam omniaque mihi bona videntur. Et cum his verbis precarer, confidentia Dei mea augebatur. Et dicebam : « Semper exaudi, o domine, orationem meam, ne neglegas preces meas [1]. Serva me a violentia hominum; tu, domine, ne arceas a me clementiam tuam. Misericordia et iustitia tua semper me visitent [2]. Ne autem pudefiam, o domine, nam te invocavi [3]. Huiusmodi cantabo nomini tuo in aeternum ut cotidie mihi desiderium meum des [4]. Specta ad me et clemens esto erga me : da potestatem servo tuo ac serva filium ancillae tuae. Da mihi signum boni [5]. Propter nomen tuum duc me et ale me [6]. Ne attrahas ad peccatores animam meam, ut misericordia tua supra me versetur prout in te confisus sum. Auditam fac mihi clementiam tuam tempore matutino [7]. Protege et duc me in terra; ne introducas me in manus inimicorum meorum. Fac ut gaudium et exultationem audiam; ne demas spem meam. Illi quidem maledicunt, at tu benedic ut agnoscant hanc esse manum tuam [8]. » Haec et similia orabam e toto corde interdiu et noctu.

CAPUT X.

Preces autem, quas precabar tempore matutino et vespertino, haec fere erant : « Adoro te, o creator et protector mi, et amo te e

[1] Cf. *Ps.* LIV, 2. — [2] Cf. *Ps.* XXXIX, 12. — [3] Cf. *Ps.* XXX, 18. — [4] Cf. *Ps.* LX, 9. — [5] Cf. *Ps.* LXXXV, 16, 17. — [6] Cf. *Ps.* XXX, 4. — [7] Cf. *Ps.* CXLII, 8. — [8] Cf. *Ps.* CVIII, 27, 28.

toto corde meo, et laudo te propter beneficia quibus me affecisti hac nocte» — vesperis dicebam «hac die»; — «Protege me hoc quoque die» — vesperis dicebam «hac quoque nocte»: — Fac me intellegentem hoc die et omnibus diebus vitae meae, ut agnos-
5 cam voluntatem tuam, et ego perficiam eam, et remitte mihi peccata mea. Da mihi cotidie quae satisfaciunt necessitatibus vitae, et semper confirma me confidentia tua, o domine mi, propter benignitatem tuam et propter potentiam tuam et propter magnitudinem tuam, protege me contra paupertatem et manus et linguam
10 hominum et morbum corporis et tristitiam animae.» Et postea orabam psalmum xxx : «Tibi confisus sum.» Cogitavi etiam et dixi : «Decet me laborare et operam impendere, quantum possum, ut recipiam omnia quibus vita mea eget, neque oratio sola mihi prodest. Sed dum nescio *laborem*, laborem aggredior fretus potentia Dei;
15 labor autem meus sine benedictione tua, *o domine, nihil mihi * p. 20. prodest. Tu benedic cogitationi meae et labori meo et vitae meae, et da mihi possessiones et felicitatem ea quam nosti et vis ratione. Verte cor hominum qui mecum sunt, ut bene agant mecum; nam omnia fiunt voluntate tua benedicta et fac mihi favorem
20 tempore senectutis meae.»

Et cognovi cor nostrum semper in manu Dei esse, et Deum posse reddere nos beatos et laetos, etiamsi calamitate et paupertate et morbo afflicti sumus; posse reddere nos depressos in divitiis et omnibus luxuriis huius saeculi. Propterea videmus omnibus diebus
25 pauperes et miseros gaudio cordis sui oblectari; sed divites et reges *videmus* tristes et depressos in divitiis suis et prae multitudine desideriorum. Atque cum nos nolimus, tristitia exoritur in corde nostro nescientibus nobis causam exordii eius. Et decet nos orare ad Deum, ut det nobis gaudium et felicitatem et laetificat nos in terra.
30 Deus enim facit ut lux exoriatur super iustos et gaudium super eos qui recto corde sunt[1], et scit regitque omnes vias cordis nostri, et potest reddere nos felices in calamitate, tristes autem in felicitate. Nam gaudium et tristitia non veniunt ad nos, prout hominibus placet, sed prout Deus nos exaudit. Et dixi: «Tu domine et
35 creator mi, da mihi gaudium et felicitatem et redde me beatum quamdiu ero in terra; et mortuum adduc me ad te et satia me de te.»

His verbis orabam interdiu et noctu et admirabar pulchritu-

[1] Cf. *Ps.* xcvi, 11.

dinem creaturarum Dei secundum ordines earum, animalia et feras silvestres. Illa enim natura creationis suae adducuntur ut vitam suam conservent et propagent semen suum. Praeterea arbores campi et plantae magna sapientia creatae germinant, virent, florent, gignunt fructum seminis sui secundum ordines suos sine errore 5 atque animatae esse videntur. Iam vero montes, valles, flumina, fontes aquae, omnia opera tua laudant nomen tuum, o domine, ac valde laudatum est nomen tuum in tota terra et in caelis valde. Magna sunt opera manuum tuarum! Ecce sol, fons lucis et fons vitae mundi, et luna et stellae quas tu constituisti quaeque non 10 aberrant a viis suis quas tu illis praescripsisti ; quis autem potest scire numerum stellarum et distantiam et magnitudinem earum, quae nobis parvae videntur propter distantiam ; nubes quoque fun- * p. 21. dentes aquam quae vireta germinare facit. Omnia sunt magna *et admirabilia et omnia sunt creata magna sapientia. 15

Sic degi duos annos admirans et laudans creatorem. Et cogitabam dicens : « Pulcherrimum est opus Dei et profunda eius cogitatio cuius sapientia inenarrabilis est. Quomodo ergo homo parvus et pauper mentiri potest ac dicere: « Missus sum a Deo ut aperiam hominibus sapientiam et iustitiam eius ? » Sed nihil aperit nobis nisi 20 vana et contempta aut res quarum natura multum inferior est ratione quam nobis creator noster dedit ut magnitudinem ipsius intellegamus. Et dixi : « Ego parvus et pauper sum coram te, o domine; fac ut intellegam quae oportet me scire de te, ut magnitudinem tuam admirer et laudem te cotidie nova laude. » 25

CAPUT XI.

Anno post Christum natum MDCXXV cum Socinius rex mortuus esset, filius Fāsīladas regnavit in loco eius; is autem primo Francos amabat ut pater eius, sed non persequebatur Coptos, ut pax esset in tota terra Aethiopiae. Tunc exii e spelunca mea atque in terram Amharae profectus postea in terram quae vocatur Bēgamedr transii 30 omnibusque Francorum inimicis unus e monachis qui diebus Socinii aufugerant, videbar. Propterea me amabant et cibum vestemque mihi dabant. Quem in modum cum migrarem e terra in terram nolebam Axumam reverti non ignorans improbitatem sacerdotum illorum. Atque recordatus viam hominis a Deo firmari dixi: 35 « Duc me, o domine, in via qua iturus sim et in terram in qua sim

habitaturus.» Et cogitabam traiicere (*flumen Abāy*) et habitare in terra Gōžām *dicta*, sed Deus me in locum adduxit de quo non cogitaveram. Nam die quodam adveni in terram Enferāz ad virum quendam divitem cui nomen erat Habtū quod *nomen idem* est *atque*
5 Habta-Egzī'abḥēr, cum eoque unum diem degi. Postero die ab eo stilum et chartam petii ut literas ad consanguineos meos Axumam mitterem. Ille autem : «Esne, inquit, scribendi peritus?» At ego : «Ita est, inquam, scribendi peritus sum.» Tunc respondens mihi dixit: «Mane mecum nonnullos dies, ut mihi psalterium Davidis scribas;
10 ego autem mercedem tibi dabo.» Atque ego consentiens corde meo Deo gratias egi qui mihi viam monstrarat qua vescerer fructibus mei laboris. Neque enim ad munus meum prius redire volebam neque docere falsum, *sciens* si verum docerem, *homines me non * p. 22. audituros esse, sed me illis invidiae fore eosque me accusaturos et
15 persecuturos. Ego verum in pace et amicitia cum omnibus hominibus esse volebam atque malebam fructu laboris mei vesci et ab hominibus neglegi et seclusus esse cum sapientia quam Deus me docuerat, quam honoratus in domu peccatorum. Paucis diebus post, stilo et charta praeparatis unum librum psalterii Davidis scripsi.
20 Et dominus Habtū omnesque qui scripturam meam videbant, eam admirabantur quia pulchra erat. Tunc dominus Habtū mercedem mihi dedit pulchram vestem; posteaque filius illius Habtū, cui nomen erat Walda-Mīkā'ēl, dixit mihi : «Scribe mihi quoque, ut scripsisti patri meo.» Et cum scripsissem, dedit mihi vaccam et
25 duas capras. Et postea multi ad me venerunt petentes a me ut scriberem librum Davidis aliosque libros et literas; nam praeter me non erat quisquam scribendi peritus in illa terra; et dederunt mihi vestes, capras, sal, frumentum aliasque his similes res. Erant autem domino Habtū duo filii pueri : alteri erat nomen Walda-
30 Gabre'ēl, qui appellabatur Tasammā, alteri erat nomen Walda-Ḥeywat, qui appellabatur Metkū. Eorumque pater Habtū mihi dixit : «Doce eos lectionem psalterii, et ego mercedem tibi dabo cibum tibi sufficientem; quae autem acquisieris scriptura manus tuae, tibi erunt.» At ego : «Ita, inquam, pater mi, omnia quae
35 me iubebis faciam. Solum esto mihi pro patre et matre et consanguineis meis; nam praeter te non mihi sunt consanguinei.»

CAPUT XII.

Et tunc cognovi oportere hominem non esse solum sine muliere; nam ea via ad peccatum adducitur. Neque decet homines in iis esse quae contra naturam eorum sunt, ne illaqueentur criminibus quae commiserint, ut dictum est veteribus: «Non decet virum esse solum sed mulier ei desideratur.» Dixi ergo ad dominum Habtū: «Ego non sum monachus sed simulavi propter temporis duritiam.» Erat autem femina quaedam ancilla domini *Habtū* cui nomen erat Ḥīrūt, quae non erat formosa, sed bene agens et intellegens et patiens. *De ea* dixi ad dominum Habtū: «Da mihi hanc feminam ut sit mihi uxor.» Et dominus Habtū consentiens: «Inde ab hoc tempore, inquit, ne sit ancilla mea, sed ancilla tua». At ego: «Ne sit, inquam, ancilla mea, sed sit mihi uxor; maritus et uxor enim aequales sunt in matrimonio, neque decet nos appellare eos dominum et ancillam; nam una caro et una existentia sunt.» Et dominus *Habtū mihi dixit: «Tu es vir Dei, fac tu prout desideras.» Tunc vocavimus illam feminam, et ego ei dixi: «Visne esse uxor mea?» Illa autem mihi dixit: «Prout dominus meus vult»; atque dominus Habtū ad eam: «Equidem volo», inquit. At illa mihi dixit: «Hoc mihi expedit; ubinam reperiam meliorem quam te?» Tunc nos domino Habtū diximus: «Benedic nobis, o pater noster!» At ille: «Deus, inquit, benedicat vobis et protegat vos et det vobis valetudinem et amorem in multos dies et det vobis liberos *simul* cum opibus huius mundi, et arceat res malas a vobis». Et nos diximus: «Amen! Amen!» Illa autem Ḥīrūt cum uxor mea facta esset, amavit me valde et gavisa est gaudio magno valde. Antea enim fuerat despecta in domo *domini* Habtū, et homines domus illius semper eam afflixerant. Sed quod amaverat me, ego corde meo consilium cepi, ut ei placerem quantum possem atque puto non esse aliud matrimonium fortius amore et magis benedictum a Deo quam nostrum. Erant autem mihi duae unciae auri quae mihi remanserant ex illis quae mecum sumpsi ex Axuma aufugiens, et scriptura manus meae acquirebam boves et capras et vestes. Et parvam domum aedificavi vicinam domino Habtū ibique ego et uxor mea nos mutuo amantes habitabamus. Illa autem interdiu et noctu nebat et ego scribebam et liberos *domini* Habtū aliosque pueros illius regionis docebam. At dominus Habtū dabat mihi unum urceum *frumenti quod appellatur* ṭaif singulis mensibus, propterea quod docebam filios eius.

* p. 23.

Hunc in modum cum uxore mea quattuor annos in pace et in pulchra vita degi, neque peperit mihi filium. At postea concepit et peperit filium XI die mensis ṭeqemt, feria secunda, anno post Christum natum MDCXXXI; et gavisi sumus de filio nostro. Et
5 appellavi eum secundum nomen patris mei Baṣagā-Habta-Egzī'abḥēr.

Tribus annis post, cum abūna Alphonsus in terram suam abisset, omnes inimici eius assurrexerunt, sed amici eius cum eo expulsi sunt. Eo tempore, in omnibus regionibus magistri quaerebantur
10 qui docerent et confirmarent doctrinam veterem, et consanguinei mei qui Axumae erant, me quaerebant ut ad munus meum redirem et libros sanctos Axumae docerem ut antea. Putabant enim homines me aufugisse veritum persecutionem quae propter abūna Alphonsum exstiterat; itaque ad me miserunt dicentes : «Redi ad nos; nam
15 perierunt inimici tui, amici tui autem servati sunt.» Ego autem respondens dixi iis : «Non mihi est inimicus, neque *amicus praeter hunc virum Dei dominum meum Habtū eiusque liberos et uxorem meam, neque unquam eos relinquam; vos autem maneatis in pace : ego non possum reverti ad vos.»

* p. 24.

20 At iste inimicus meus hypocrita Walda-Yōḥannes qui antea me accusaverat apud Socinium regem, postquam abūna Alphonsus abiit, ad fidem Coptorum revertit; *revera* autem non habebat fidem nisi quae ei emolumento erat singulis temporibus. Et pro magna sua perfidia ad regem profectus amicus regis Fāsīladas factus est;
25 reges enim amant perfidos et hypocritas. Postquam autem audivit Walda-Yōḥannes me in pace vivere in terra Enferāz rursus me accusare coepit dicens : «Ille est magister Francus qui occulte doctrinam Francorum docet»; idemque praefecto terrae Enferāz dixit. Ego autem valde dolui propter perfidiam eius; primo enim dixerat
30 me esse inimicum Francorum et postea dixit me amicum eorum esse. Et prae tristitia cordis mei dixi : «Eripiat Deus labia perfida!» Atque multos dies orabam verbis psalmi XXXIV (Contende) et psalmi CVIII (Domine, ne surdum agas). Et Deus me exaudivit; nam iste homo cum praefectus esset multis regionibus *terrae*
35 Dambeyā, homines sui eum oderant, ut occiderent eum. Eius autem cadaver in domo eius repertum est, sed interfector non repertus est, et alius quidam praefecturam et opes eius accepit.

CAPUT XIII.

Anno autem post Christum natum MDCXXXV adfuit magna fames in omnibus terris Aethiopiae et plaga fortis erat propter peccata populi nostri et propter absentiam amoris proximi : nam qui acceperant fidem regis Socinii et abūna Alphonsi antea persecuti fratres suos, qui non acceperant fidem eorum, necaverant, quique 5 expulsi erant postea inimicos suos septies malum retribuerunt multosque interemerunt. Et omnes aperte apparebant non habere timorem Dei prae oculis neque viam pacis novisse. Et frustra appellabantur Christiani; nam Iesus Christus prae omnibus et super omnia iubet Christianos amorem mutuum. Qui amor mu- 10 tuus prorsus extinctus erat inter eos qui appellabantur Christiani, omnesque contra fratres suos peccabant et se mutuo devorabant ut cibus devoratur. Et Fāsīladas rex[1] regnare coepit bono consilio et * p. 25. sapientia, verum *non perseveravit in bono, sed fuit rex improbus et in improbitate sua perstitit et in profundendo sanguine, et 15 Francos, qui bene de eo meriti turres et domus pulchras ei aedificaverant et regnum eius omni opere sapientiae ornaverant, oderat et persequebatur, et retribuebat eis malum pro bono. Ipse autem Fāsīladas in omnibus rebus male agebat : homines occidebat sine iudicio, multum fornicatus feminas quibuscum scortatus erat inter- 20 imebat, exercitus suos inique agentes emisit et terras domosque pauperum diripiebant. Deus enim populo malo malum regem dederat. Et propter peccata regis et populi adfuit plaga famis; et post famem adfuit pestilentia, multique mortui sunt et alii terrebantur neque hoc iis saluti erat. Nam errore et odio suo obduruе- 25 rant. Dimidia pars eorum dicebat : «Propterea quod expulistis abūna Alphonsum advenit castigatio Dei super nos»; alii dicebant: «Propterea quod ante hac abnegastis fidem rectam et ecclesiam polluistis, hanc ob rem advenit plaga»; et simulabant inter se et litigabant, neque sciebant se dignos esse plaga propterea quod dimi- 30 serant amorem proximi et transgressi erant ordinem iustitiae, quem Deus imposuit omnibus creaturis, propter ordinem humanum, et diruerant leges naturales propter leges humanas huius illiusve fidei. Bene autem dixerunt Isaias et Evangelium de eis[2] : «Hic populus honorat me ore suo, sed in corde suo longe a me abest et frustra 35

[1] Socinii successor; regnavit ann. 1632-1667. — [2] Cf. Is., XXIX, 13; MATTH., XV. 8; MARC., VII, 6.

adorant me, cum doceant doctrinam ordinum humanorum.» Iam vero Iohannes dixit[1]: «Qui autem dixit se in luce esse, sed proximum odit is est mendax et in tenebris versatur usque ad hunc diem; at qui amat proximum, in luce versatur neque ulla offensio apud eum est.
5 Qui vero odit proximum, in tenebris ambulat, neque scit quo vadat, nam tenebrae oculos eius obcaecaverunt.» Haec prophetia impleta est in hominibus terrae nostrae; nam ignorant quo vadant, et litigant de fide sua neque sciunt quid credant, et in tenebris versantur.

Nos autem postquam aurum nostrum absolutum est tempore
10 famis, vendidimus boves nostros et vestes, et — Deo sit gloria! — non esurivimus ut alii, sed edimus et aluimus esurientes et miseros per illos duos annos quibus fames et pestilentia erant, neque quidquam passi sumus, et impletum est in nobis quod dictum est[2]: «Non pudefient diebus malis, sed saturabuntur diebus famis.» Et
15 laudavimus Deum qui infinita bona nobis dederat.

CAPUT XIV.

* p. 26.

Atque uno anno post dominus Habtū mortuus est; et nos valde doluimus et plangore magno eum planximus. Is autem ante mortem suam vocaverat nos dixeratque nobis: «Ecce ego moriturus sum. Deus protegat vos et benedicat vobis! Tu esto pater liberorum meo-
20 rum.» Atque mihi dedit duos boves et unum mulum, uxori meae autem duos vaccas cum vitulis earum dedit dicens: «Orate pro anima mea.» Et in pace Dei mortuus est; faciat *Deus* ut anima eius benedicta quiescat *in pace!* Postquam autem sepelivimus eum magno honore, filius eius primogenitus, cui nomen erat Walda-
25 Mīkā'ēl, me ut patrem suum amavit et consilium meum audiebat; erat ei autem uxor, cui nomen erat Walatta-Peṭrōs, quaeque appellabatur Fantāya, et ea honorata erat inter honoratos terrae, bene agebat, amore proximi et humilitate impleta erat nosque, sicut mater amat liberos suos, amabat. Et duo filii domini Habtū, Ta-
30 sammā et Metkū, adoleverant et lectionem psalterii didicerunt. Metkū autem scripturam quoque et sawāsew[3] et libros didicit, et mecum associatus est scientia et magno amore et novit omnia arcana mea, neque quidquam ab eo abscondi. Et propter amorem eius haec pauca scripsi, postquam multas vices me rogavit.

[1] I Ioh., II, 9-11. — [2] *Ps.* XXXVI, 19. — [3] Cf. p. 3, n. 3.

CAPUT XV.

Filius meus autem adultus iuvenis pulcher fuit. Atque cum adolescens viginti[1] annorum erat cognovi illum nescientem committere peccatum quod indicat desiderium matrimonii; ego autem admonui eum multum eique dixi : «Haec res dedecet *te*, quia diruit ordinem quem creator nobis imposuit; sed duc feminam in matrimonium, atque in ordine naturae nostrae mane.» Atque ille : «Ita sit, inquit, da mihi uxorem.» Equidem quaerebam atque repperi filiam pulchram cui nomen erat Madḫānīt, filiam capitis armentariorum e regione Lāmgē *dicta*. Atque filius meus amavit eam; pater autem dedit illi *filiae* quindecim boves et vestes eaque uxor filii mei fuit et nos in amore uniti eramus. Duobus annis post peperit filium et nomen ei indidi Yetbārak (i. e. : *Benedictum*) dicens : «Benedictus sit Deus.» — Rursus autem filium peperit et nomen ei indidi Dastāya (i. e. : *Gaudium meum*). Rursus autem peperit filiam et nomen ei indidi ʿEsēteya (i. e. : *Merces mea*). Et laudabam Deum qui me satiavit omnibus bonis suis. Ego autem versabar cum hominibus christianus esse visus, sed corde meo non credebam nisi in Deum qui creavit omnia et conservat omnia, prout ipse me docuit. Et cogitans dixi : «Peccatone mihi tribuatur apud Deum *p. 27. *si simulo esse qualis non sum et homines decipio?» At dixi : «Volunt homines decipi; si autem aperio eis verum non audient me sed maledicent mihi et persequentur me, neque quidquam mihi prodest aperire cogitationes meas sed multum nocet. Et propterea ero cum hominibus dum unus ex iis sum; sed coram Deo sum sicut ipse docuit me.» Ut vero me cognoscant qui post me venturi sunt, volui scribere haec quae abscondam mecum usque ad mortem meam. Ac si postquam mortuus ero invenitur homo sapiens et inquirens, rogo eum ut addat cogitata sua ad meas cogitationes. Ecce, coepi inquirere ego quae non inquisita sunt ante hoc tempus. Et tu comple quae ego coepi, ut homines terrae nostrae sapientes fiant auxilio Dei et veniant[2] ad scientiam veri, ne autem credant in falsum neve confidant improbitati neve eant e vano ad vanum, sed sciant verum et ament fratres suos ne litigent de vana eorum fide sicut fecerunt usque adhuc. Ac si invenitur *vir* intellegens qui intellegit haec et iis praestantiora et docet scribitque ea, det Deus ei quae desi-

[1] Ms. perperam numerum ፩ (unum) exhibet. — [2] Legas ወይብጽሑ.

derat corde suo et perficiat ei omnia quae cupit et satiet eum ex omnibus bonis suis infinitis sicut me satiavit; et laetum beatumque reddat eum in terra sicut me reddidit felicem et beatum usque adhuc. Qui autem male dixerit mihi propter hunc librum meum neque
5 voluerit sapere ita ut benigne agat retribuat Deus ei pro merito suo. Amen.

FINIS LIBRI

quem scripsit Zar'a-Yāʿqōb, qui *idem* est *ac* Warqē, anno LXVIII vitae suae, tempore quo mortuus est Fāsīladas atque regnavit Yōḥannes[1]. Et postquam scripsit hunc librum Zar'a-Yāʿqōb vixit vi-
10 ginti quinque annos, bona senectute, amans Deum creatorem nostrum et laudans interdiu et noctu, et valde honorabatur. Atque vidit liberos suos et filii sui liberos. Filius eius enim Habtū genuit quinque filios et quattuor filias ex uxore sua Madḫānīt. Et omnes dies *quos vixit* Zar'a-Yāʿqōb, qui est *idem ac* Warqē, fuerunt anni XCIII,
15 sine morbo. Et mortuus est confidens valde Deo creatori nostro, atque uno anno post uxor eius mortua cum marito suo sepulta est. Deus recipiat animas eorum in pace in saecula saeculorum. Filius eius eiusdemque filii liberi honorabantur in *terra nostra et benedictione patris sui affecti sunt; neque sufficiebat eis domus eorum * p. 28.
20 propter multitudinem boum suorum. Itaque pars descendit in vallem ad consanguineos matris suae ibique habitavit.

Ecce hunc in modum benedicitur homini qui timet Deum[2] — benedicat nobis Deus benedictione patris mei Habtū et benedictione magistri mei Zar'a-Yāʿqōb. Nam ego aetate multum provectus sum;
25 adolevi et senui : iustum autem qui neglegatur non vidi neque semen eius carere cibo, sed in benedictione esse in saecula saeculorum. Equidem Walda-Ḥeywat qui appellor Metkū pauca haec verba addidi ad librum magistri mei ut sciatis finem eius beatam. Atque de sapientia mea quam ut intellegerem Deus fecit quamque magis-
30 ter meus Zar'a-Yāʿqōb docuit me per LIX annos, ecce ego quoque librum scripsi ut omnes Aethiopiae liberi sciant et admoneantur. Deus det iis intellegentiam, sapientiam, amorem, et benedicat iis in saecula saeculorum. Amen.

FINIS HUIUS LIBRI.

[1] Regnavit ann. 1667-1682. — [2] *Ps.* CXXVII, 4.

II

INQUISITIO WALDA-ḤEYWAT.

In nomine Dei qui omnia creavit, omnipotens est, omnia protegit, * p. 29
omnia administrat, qui est et erit ante saecula usque in saecula, qui
solus est perfecta essentia cuiusque magnitudo est infinita : scribam
librum sapientiae et inquisitionis et philosophiae et admonitionis
5 quem composuit quidam magnus magister terrae nostrae cui nomen
est Walda-Ḥeywat. — Benedictio Dei eius et scientia arcanorum
creatoris nostri benedicti et observatio legum eius iustarum sit cum
omnibus liberis Aethiopiae inde ab hoc tempore in aeternum. Amen.

[CAPUT PRIMUM.]

Audivistis dictum esse veteribus[1] : Adde sapienti occasionem et is
10 addet *tibi* sapientiam. Equidem cogitavi scribere quae Deus me
docuit diebus longae meae vitae quaeque inquisivi recta mea intellegentia, ut hic liber dux ad admonitionem et scientiam sit liberis
nostris qui venient post nos et causa sit sapientibus inquirendi et
intelligendi opera Dei et addendi sapientiam ad sapientiam. Ego
15 autem non scribam quae audivi ex ore hominum aut accepi a
doctrinis hominum nisi quod inquisivi et cognovi bonum esse; sed
scribam quae mihi videntur vera postquam inquisivi et cognovi ea
coram Deo, quem rogavi multis precibus et supplicationibus ut
verum mihi monstraret et doceret me arcana et viam qua creavit
20 hominem intellegentem atque posuit eum inter alias creaturas quae
in hoc mundo sunt. O mi frater, qui legis hunc librum meum scito
me eum scripsisse magno timore Dei quo omnino arceor a falsum
dicendo, neque me timere homines neque quicquam metuere facies
eorum neque in ulla re associari cum eis qui scribunt et docent
25 falsum et vanum. Ac si dixerit quispiam : «Num tu solus cognovisti
verum; alii autem non cognoverunt praeter te?» respondeo ei :

[1] Cf. *Prov.*, IX, 9.

«Non ego solus cognovi verum, sed multi cognoverunt id atque
p. 30. amarunt ut ego, sed non ausi sunt docere *illud aperte, quia
timuerunt maledictionem hominum occaecatorum et expulsionem ab
eorum congregatione (*excommunicationem*). Reliqui autem homines
non cognoverunt id, quia id non quaesiverunt neque inquisierunt 5
ut cognoscerent quid verum sit aut falsum, sed acceperunt et crediderunt quae audierunt a patribus suis sine inquisitione. Atque hanc
ob rem liberi Christianorum fuerunt Christiani et liberi Mohammedanorum fuerunt Mohammedani, et liberi Iudaeorum fuerunt
Iudaei; neque est alia causa fidei eorum nisi quod filii parentum 10
suorum sunt. Audiverunt enim inde a pueritia fidem parentum esse
veram, et crediderunt in eam sine disquisitione aut cognitione.
Omnes autem contendunt pro fide sua dicentes eam esse veram. Sed
fieri non potest ut omnes fides hominum verae sint, quia inter se
oppositae sunt. Sed ut omnes falsae sint, id fieri potest, quia 15
falsum est multiplex, verum autem unum solum est.

CAPUT II.

Omnis iustitia et omnis sapientia a Deo est[1]; sine Deo autem
omnis sapientia obruitur. Atque ut sol est fundamentum lucis, sic
Deus fundamentum scientiae est; et ut spiritus est fons vitae, ita
Deus fons omnis veritatis. Quique non cogitat de Deo cogitationes 20
puras et purgatas ab omni crassitudine huius mundi non reperiet
sapientiam neque poterit intellegere verum. Extolle, o frater mi,
mentem tuam ad hanc essentiam perfectam quae creavit te intellegentem, et specta ad eam oculo intellegentiae tuae et intellige
lucem scientiae quam creator tuus tibi monstravit. At ne audias 25
vocem eorum qui maledicent tibi et appellabunt te abnegatorem
creatoris si reieceris doctrinam quam te docent; illi enim ignorant
creatorem, neque est sapientia apud eos. Tu autem ne credas
quicquam de iis quae te docuerunt homines antequam ipse inquisieris de omnibus quae docuerunt te, et discerne verum a falso, 30
quia homines possunt mentiri; neque scis utrum docuerint te
verum an falsum.

Itemque ne credas quicquam ex iis quae in libris scripta sunt,
nisi quae inquisieris et recta inveneris. Nam libri scripti sunt ab ho-

[1] Cf. *Ecclu*, 1, 1.

minibus qui falsa scribere possunt. Tu autem si libros inquisieris, mox in eis reperies *sapientiam turpem quae non congruit cum * p. 31. ratione nostra a Deo data, qua verum quaeramus. Verum enimvero non dico tibi omnes homines atque libros semper falsos esse, 5 sed dico tibi fieri posse ut falsi sint. Hanc ob causam, nescis utrum verum dicant an falsum, nisi ipse inquisieris quae dicta et scripta sunt, ut clare cognoscas quae credere te deceat et intelligas opus Dei; nam inquisitio porta est qua introimus ad sapientiam et ratio clavis est quam Deus nobis dedit ut aperiamus 10 hanc portam atque ingrediamur in conclave arcanorum eius et thesauris sapientiae eius donemur. Oportet ergo nos inquirere omnia quae homines nos docent et quae in libris scripta sunt. Atque si invenerimus *ea* vera esse, accipiamus ea libentissime; falsa autem dimittamus et arceamus a nobis ipsis sine clementia. Falsum enim non 15 est ex Domino Deo veritatis, sed ex errore aut dolo hominum.

CAPUT III.

Fundamentum omnis fidei et omnis scientiae et omnis veritatis est credere esse Deum qui omnia creavit et omnia administrat, essentiam perfectam et infinitam, quae est et erit in omnia saecula. Atque in hac fide conveniunt omnes magistri hominum et libri 20 omnium terrarum. Nos quoque oportet credere in hoc, et cum inquirimus de eo ratio nostra docet nos id esse verum nec posse falsum esse. Nos enim qui sumus hodie et heri non fuimus, cras extinguemur, nos creati sumus itemque omnia quae videmus in hoc mundo caduca sunt et creata : quonam modo possunt sine creatore 25 creata esse? Nam omnis creatura est finita et debilis neque potest quidquam creare e nihilo. Propterea unam essentiam esse oportet, quae est ante omnem creaturam, sine principio aut fine, quae e nihilo creavit omnia quae sunt densa et tenuia, visibilia et invisibilia. Et postquam creavit omnia, non deseruit quae creavit, 30 sed protegit et administrat ea secundum necessitatem omnis creaturae et omnia ducit in ea qua illa creavit via, neque est error apud eum qui creavit omnia magna sapientia et omnia posuit in suo ordine, prout decet separatas creaturas, duxitque eas secundum singularum vias quibus perficiantur omnibus diebus existentiae suae et servitii 35 sui limitatione *statuta secundum legem naturae suae. Ne autem * p. 32. audias stultos qui cotidie dicunt : « Hoc et illud non bonum est, atqui foret melius si creatum non fuisset.» Omnia enim quae Deus creavit optima sunt in via qua creavit ea, atque in omni creatura aliquid utilis est quod nos quaerere oportet ad nostram utilitatem : nam Deus creavit omnia utilia; sed expandit ea prae oculis hominum ut quaerant et intelligant sapientiam qua creata sunt atque reperiant 5 utilitatem quae in iis posita est ipsorum causa. Quot res enim visae sunt inanes veteribus, sed postea repertae sunt utiles, sive quot res nobis videntur inanes, sed post nos invenietur earum utilitas? Itemque, omnia creata sunt utilitati hominum, sive ad ornandum hunc mundum, habitationem illius qui maior est quam omnes 10 creaturae, qui est homo. Nam homo exaltatus est super omnem creaturam huius mundi, et ratione sua prope ad similitudinem creatoris sui adest, et omnia quae creata sunt in hoc mundo, ad ornandam habitationem hominis creata sunt.

CAPUT IV.

Si dico tibi : «Homo», intellege, frater mi, animam hominis et 15 spiritualem essentiam eius, et naturam subtilem quae cogitat et intellegit, ne *intellegas* naturam corporalem quia natura eius carnalis pulvis est neque quicquam potest facere per se ipsam, sed ut truncus siccus cadit ex quo anima exiit. Nobis autem esse animam spiritualem et rationalem certum est, quia cogitamus et 20 intellegentes sumus, crassa autem natura carnis nostrae nequit cogitare aut intellegere eodem modo atque cogitat et intellegit anima nostra in carne nostra. At propter naturam spiritualem puto esse alios spiritus, maiores quam spiritus humanus. Hi sunt angeli et spiritus mali. Omnes homines enim credunt in existentiam eorum 25 et existentia eorum inter creaturas Dei pulchra est; sed quia neque apparent nobis et ratio nostra de hac fide tacens nihil nos edocet de iis, non possumus clare cognoscere rem; sed compertum est nobis esse animas inferiores anima hominis, dico animas animalium et ferarum. Et quod attinet ad eas, quia animalia et 30 ferae non loquuntur lingua humana, non possumus cognoscere extensionem mentis talium animarum, aut utrum habeant cognitionem creatoris sui necne : mihi quidem ipsi videtur non esse iis rationem. Quam ob rem anima animalium et ferarum omnino distincta est ab anima hominis, atque ut vita animalium et 35 ferarum *in ordine creationis superior est vita plantarum et arbo-

* p. 33.

rum quae non moventur, sed nascuntur, crescunt, moriuntur plantatae in uno loco, ita anima hominis superior est anima animalium et posita est in primo ordine ex ordinibus creationis et proxima creatori. Rursum, nescimus utrum anima animalium mortalis sit an immortalis. Anima hominis autem immortalis est. Nam ratio eius est existentia eius; ratio autem animae nostrae nimbus lucis est qui emanavit ab existentia Dei creatoris, neque extinguitur sed revertitur ad eum, et fieri non potest ut omnino deleatur. Quam ob rem vita aeterna necessitas animae rationalis est; si minus omnis existentia hominis vana esset et phantasma, atque Deus in creando homine derisorem, non sapientem, se praestitisset. Decet ergo nos credere sine dubitatione vitam nostram esse immortalem, atque ut emanavit lucida e gremio creatoris, ita redituram esse ad eum post hanc vitam. Nam ratio nostra demonstrat nobis ita rem se habere; atque haec demonstratio animum nostrum delectat, confirmat nos in spe indelebili, pulchram reddit totam vitam nostram, fundamentum est omnis operis boni atque omnis veritatis.

CAPUT V.

Quod attinet autem ad ceteras doctrinas hominum et librorum, dedecet nos credere eas cito sine inquisitione, sed oportet accipere eas cum iudicio prout videmus eas congruere cum ratione nostra post multam inquisitionem; de quibus ratio nostra testificatur *vera esse*[1], decet nos credere ea, sed quae ratio nostra non docet nos vera esse dedecet nos *credere*. Hanc ob rem ne[2] dicamus festinanter quicquam esse falsum; neque enim scimus utrum verum sit an falsum. Sed dicamus hac de re: «Non credimus eam quia eam non cognoscimus.» Atque si qui dixerint nobis: «Cur non credis omnia quae in libris scripta sunt, ut homines ante nos crediderunt?» ego dico illis: «Quia libri scripti sunt manibus hominum qui possunt falsum scribere.» — Rursus, si dixerint mihi homines: «Cur non credis?» ego dico illis: «Dicite mihi, cur creditis vos? Non requiritur enim causa non credendi sed requiritur *causa* credendi. Vos autem quam repperistis causam ut *credatis omnia quae scripta sunt? Neque enim est alia causa nisi haec sola: quia audivistis ex ore hominum ea quae in libris scripta essent vera

* p. 34.

[1] ጽድቅ ፡ ውእቱ ፡ addenda post ከመ. — [2] ኢ addendum.

esse. Vos autem ipsi nonne intellegitis quod ii qui dicunt vobis ea quae in libris scripta sunt vera esse nesciunt utrum vera sint an falsa, sed ut vos audivistis hoc ab illis, ita illi audiverunt id a patribus suis? Itemque omnes credunt in vocem hominis quae potest esse falsa, non credunt in vocem Dei. Deus enim non locutus est vobiscum nisi voce rationis vestrae.» Si vero sunt qui dicant nobis: «Non ita, sed Deus locutus est cum hominibus atque verum iis aperuit», ego illis dico: «Quomodo vos scitis Deum locutum esse cum hominibus eisque verum aperuisse? Nonne quia hoc audistis ex ore hominum qui vobis testificati sunt de iis quae ipsi ex ore hominum audiverunt. Semper vobis credendum in vocem hominum quae potest esse falsa, ita ut credatis nescientes utrum quae creditis vera sint an falsa. Inquirite potius, ac ne dicatis in corde vestro: Firmi sumus in fide nostra quae non potest esse falsa; sed *illud* tenete: homines mentiri de rebus fidei, quia nullo modo conveniunt neque demonstrant nobis in quae oporteat credere, et affecerunt cor inquirens omni dubitatione. Hic enim nobis dicit: Credite in fidem Alexandriae; ille nobis dicit: Credite in fidem Romanam; tertius dicit nobis: Credite in fidem Mosis; quartus nobis dicit: Credite in fidem Mohammedi islamicam; Indi quoque aliam fidem habent, itemque Homeritae et Sabaei aliique. Omnes autem dicunt: Fides nostra a Deo est. Sed quonam modo Deus, qui iustus est in omnibus rebus, potest revelare hanc fidem huic populo, illam illi, et quonam modo omnes hae fides diversae possunt e Deo esse? Quae ex illis est vera ut oporteat nos credere in eam? Dicite mihi si novistis, equidem nescio. Ac ne errem in fide mea nihil credo nisi quod Deus mihi demonstravit luce rationis meae.» Sin autem sunt qui mihi dixerint: «Si non credideris, iudicium a Deo tibi obveniet», ego illis dico: «Deus non potest iubere me credere in falsum *neque potest iudicare me quia reieci fidem quae non mihi videtur vera; nam ipse mihi dedit lucem rationis ut distinguam bonum a malo, verum a falso. Haec ratio autem nequaquam nobis demonstrat omnes has fides hominum esse veras, sed edocet nos eas esse ex errore hominum, non e Deo. Atque hac de causa eas reieci.»

* p. 35.

CAPUT VI.

Verum licet hominibus singulis qui non consentiunt mecum tenere fidem suam et credere quidquid volunt, credere in ea quae

in libris scripta sunt, dicentes libros scriptos esse per spiritum Dei, atque hanc ob causam non posse falsos esse; sed sciant qui talia credunt me quoque scribere hunc librum dum mihi videor habere spiritum Dei, qui me ad verum scribendum inducat atque omne
5 falsum a libro meo arceat, nam scribo postquam per longum tempus diligenter inquisivi et oravi et cor meum coram Deo purificavi, neque quidquam scribo quod non congruat cum ratione nostra sed id solum quod in corde omnium hominum est. Et ideo fieri non potest ut quae scribo falsa sint. Praeterea, non scribo hunc
10 librum ut offendam fideles, sed ut convertam sapientes et intellegentes ad inquisitionem, qua quaerant et reperiant verum : nam inquirere omne bonum sapientia est, et laus creatoris nostri qui donavit nos anima rationali et intellegentia quae de eo inquirat. Fides autem sine inquisitione non exigitur a Deo neque congruit cum
15 natura creaturae rationalis. Quam ob rem dedecet nos credere in fidem patrum antequam inquiramus cognoscamusque fidem eorum veram esse. Deus enim non dedit rationem patribus nostris solis, sed nobis ipsis quoque dedit eamque maiorem quam illis. Et quomodo scimus veram esse fidem patrum nostrorum nisi inquirimus
20 de ea aut intellegimus eam ab initio usque ad finem? Quam ob rem decet nos semper ire in luce rationis quae est lux Dei. Atque haec lux, quae non mentitur, primo docet nos esse Deum qui omnia creavit atque omnipotens est. Et oportet nos credere in eum et adorare eum amore et admiratione. Insuper ratio nostra docet
25 Deum qui omnia creavit non deseruisse creationem suam postquam eduxit eam e nihilo, sed sicut fecit omnia magna sapientia, ita *tuetur omnia magna diligentia, administrat omnia, ducit omnia, cogitat omnia, ornat omnia; nos autem decet semper ei gratias agere e toto corde nostro et confidere clementiae eius et ad
30 eum preces fundere interdiu et noctu ut protegat nos, benefaciat nobis, det nobis omnia quibus vita nostra indiget, illuminet rationem nostram ut voluntatem eius sanctam cognoscentes faciamus et impleamus diligenter per omnes dies servitutis nostrae in hoc mundo; et supplicare ei in tristia cordis nostri, ut remittat nobis
35 peccata nostra et ignoscat nobis iniquitatem nostram quam nescientes commisimus tempore iuventutis et resipiscamus, revertamur, appropinquemus ad eum cogitatione pura quia nos diligit. Ac, quanquam ego parvus sum et humilis et malus penes eum, propter id non despiciet me creator meus; nam infinita eius magnitudo

* p. 36.

complectitur omnes, magnos et parvos. Neque est vermis e parvis vermibus terrae, neque arbor ex arboribus campi neque herba ex herbis agri cui Deus non provideat. Quonam modo de memet ipso qui ipsius creatura rationalis sum non providebit semper? Et ut pater docet liberos suos, ita Deus nos ab ipso creatos docet. Ei 5 enim nihil difficile est quamvis multa cogitans hunc mundum magna cura administret : nam omnia fiunt voluntate eius benedicta, atque milia milium et myriades myriadum mundorum simul administrare potest non fatigatus neque debilitatus, et administratio eorum coram eo tanquam nihil est. 10

CAPUT VII.

Insuper ratio mea docet me animam meam creatam esse rationalem ut cognoscat creatorem suum, laudet eum, gratias ei agat omni tempore, serviatque *ei* illa quam creator ei destinavit servitute, inquirat et intellegat voluntatem eius in omnibus rebus quas facit, eum adoret sine dolo quamdiu erit in hac vita et in hoc 15 corpore. Post hanc vitam autem redibit ad creatorem suum isque cum ea aget secundum voluntatem ipsius excelsam et benedictam. Equidem quamdiu in hac servitute ero, oportet me inquirere et cognoscere voluntatem Dei *quae est* circa me, ut perficiam ornemque opera mea, quia Deus hanc ob rem me rationalem crea- 20 vit. Praeterea, quia Deus me non creavit solum per me ipsum, sed posuit me inter alios creatos qui mihi pares sunt, oportet me vivere cum eis in amore et auxilio mutuo, neque oportet me odisse eos
* p. 37. aut quicquam mali in eos agere. Deus enim iussit me *servire una cum eis et amare fratres meos, qui serviunt mecum, et iuvare eos 25 quantum possum, sicut ego desidero ab omnibus hominibus amari et iuvari. Et certa est haec doctrina rationis nostrae, quia homo non potest nasci aut adolescere aut servire per se ipsum sine auxilio aliorum hominum, atque in eo aperta est voluntas creatoris nostri qui homines in hac servitute posuit ut inter se consocientur 30 et ament et iuvent ad obtinendas omnes necessitates vitae suae prout singulis opus est. Quae fides quam ratio nostra nobis aperit, maior est quam omnia arcana secreta quae nihil prosunt ad ornanda opera nostra aut ad excolendam naturam creationis nostrae : perseveremus ergo in ea ut apud Deum et apud homines magnam 35 mercedem reperiemus.

CAPUT VIII.

Magnum est opus Dei in omni creatura et valde profunda cogitatio eius et ineffabilis sapientia ipsius : nobis autem nihil aperitur nisi perpauca e consilio eius, neque omnes vias eius in quibus creavit et duxit omnes creaturas suas intellegere possumus neque
5 decet nos dicere Deo [1] : «Cur hoc aut illo modo egisti?»; nam ut fictile dedecet dicere figulo : «Cur tale me finxisti?» ita creaturam dedecet creatori suo dicere : «Cur talem me creasti?» Nos autem decet adorare eum et omnes vias eius sanctas quas cognoscere non valemus; nam ratio nostra nos docet Deum esse sapientem neque
10 consilium eius decipi posse; et quia omnia magna sapientia creavit, decet nos credere et confiteri omnia quae creavit bona esse, prout desideratur ad ornandum hunc mundum et ad implendas necessitates omnis creaturae. Nos autem videmus multas creaturas quae inanes sive corruptae videntur sive creatae sine consilio aut sa-
15 pientia sive carentes utilitate creationis suae : hoc est quia nescimus sapientiam creatoris qui omnia creavit ut bona sint et utilia in via qua ea creavit; insuper praestantiam creationis eius nescimus. Nos autem decet admirari et laudare creatorem in omni eius opere, etiam si non intellegimus, et gratias ei agere, quia creavit nos et
20 posuit nos inter has creaturas pulchras et admirabiles, et fecit nos superiores his omnibus et dedit nobis rationem et scientiam quibus eodem modo ac nos non donavit alias creaturas praeter nos ipsos, et fecit ut simus praefecti et regnemus super omnem creaturam; si vero Deus non creasset alias res *nobis inferiores, superioritatem * p. 38.
25 nostram non cognosceremus. Prout ergo superiores sumus animalibus et arboribus campi, decet nos gratias agere creatori nostro qui nos exaltavit, honore gloriaque coronavit, in omne opus manuum suarum nos posuit, omnia pedibus nostris subegit [2] : nam homo rex huius mundi est, omnibus imperat, in omnia regnat, et aliae crea-
30 turae ei parent et serviunt, sive tremunt et fugiunt a facie eius, homini autem non est rex praeter Deum solum. Propterea oportet hominem adorare eum, qui praefecit eum et exaltavit eum super omnia sua opera, et servire ei ex toto corde et perficere voluntatem eius quam ei per lucem rationis eius demonstravit, qua bona ei et
35 mala apparent. Nam sicut per lucem rationis nostrae creatorem

[1] Cf. *Rom.*, IX, 20. — [2] Cf. *Ps.* VIII, 6-8.

cognoscimus, ita eadem ratione eius voluntatem *quae* super nos *est* cognoscimus et intellegimus eum esse dominum nostrum, nos autem opus manuum ipsius, eumque posse facere nos utut ei placet. Quam ob rem nos decet gratias ei agere omnibus diebus propter beneficia quibus nos affecit, et caput nostrum humiliare, si nos castigat et temptat, et ad eum orare ut levem reddat servitutem qua servimus et cor nostrum ad ipsum vertat per scientiam et amorem ipsius. 5

CAPUT IX.

Tempore afflictionis autem et morborum, quibus nos probare in hac servitute Deo placet, decet nos patientes esse et orare ad eum ut confirmet nos fiducia ipsius, et humiliare nos ipsos sub sanctam eius manum. Ac si qui dixerint : «Cur Deus misericors et clemens nos castigat et creaturis suis irascitur?» ego eis dico : «Non Deus castigat nos propter iram suam, nam Deus essentia perfecta est, neque omnino irascitur, neque est qui eum irritare possit, neque felicitas eius unquam turbatur, verum nos ipsi castigationem contrahimus, cum leges quas creator nobis et toti creaturae simul imposuit diruimus. Et propter hanc legum destructionem super nos venit poena per sapientiam creatoris statuta ad omnem creaturam in limite suo retinendam. Atque ut is qui manum suam igni ussit in morbum incidit quin Deum qui ignem creavit accusare possit, ita is qui leges omni creaturae impositas diruit in poenam incurrit legi dirutae parem. Quae aequalitas poenae cum destructione legis bono Dei consilio statuta est et exigitur ad ornandum hunc mundum et ad retinendas omnes creaturas in limitibus suis, *in quibus creatae sunt. Itaque Deus non castigat nos ob iram suam, sed opera nostra quae cum legibus creationis nostrae non congruunt castigationem super nos adducunt. 10 15 20 25 (* p. 39.)

Iam vero decet nos intellegere Deum iustum esse et iustitiam observare in omnibus operibus suis et cum omni creatura, et poenam cum peccato hominum aequare. Homo dum peccatum in corde suo concipit et mala sua voluntate perficit, eo tempore nescit se abhinc dignum esse poena peccato commisso pari. Quae poena non remittetur, sed veniet tempore statuto sive cito sive tarde : homo autem peccati quod commisit obliviscitur neque debitum quod in eum scriptum est recordatur, sed Dei iustitia non remittit usquedum poenam cum peccato aequaverit. Quamobrem cum castigatio 30 35

nos attingat, decet nos ipsos humiliare puro corde et ad creatorem nostrum reverti tota voluntate et eum semper laudare; nam nomen eius benedictum et laudatum est in omnibus quae nobis affert, et omnis poena eius iusta est, et iuste recteque agit
5 in omnibus quibus nos afficit neque ulla iniustitia apud eum est.

CAPUT X.

At dixerint homines iustitiam Dei non aequare in hoc mundo poenam cum peccato hominum, quia homines pravos et improbos in deliciis vivere videmus, mites autem et iustos opprimi omni calamitate, potentes terrere et violenter opprimere et diripere
10 pauperes, pauperes autem flere neque esse qui eos iuvet, et clamare ad Deum quin exaudiat eos; praeterea videmus liberos aegrotare priusquam conscii sint male agendi; haec omnia nobis demonstrant iustitiam Dei in mundo non esse perfectam. Ego iis dico : « Quod ad hoc attinet, decet nos adorare voluntatem Dei tacentes,
15 quia vias eius rectas intellegere non possumus neque possumus intellegere quare castiget homines qui nobis iusti videntur, sed certo scimus Deum iustum esse in omnibus quae facit neque esse iniustitiam apud eum, neque eum posse castigare homines nisi ob iustam causam. Propterea cum castigat nos, ne murmuremus sed humi-
20 liemus nos ipsos et adoremus Dominum nostrum qui nos castigat ut servet nos, non ut perdat nos, et nos castigat ut nos a peccatis nostris quae commisimus purificet et nos ad ipsum vertat et nos dignos reddat mercede quam nobis sapientia sua praeparavit, sive ut pulchritudinem creaturae et administrationem huius mundi
25 bene paret. Nam totum universum inter se connexum est; ac si quidquam *detorquetur, alia quoque cum illo connexa laborant. » *p. 40.

Fuerunt qui dixerint : « Animae hominum angeli sunt qui coram Deo peccaverunt; quam ob rem dignae sunt iudicio, secundum quae commiserunt peccata. Et corpus hominis carcer est eis quo vin-
30 ciuntur usquedum hic poenitentiam suam impleverint. » Deus enim milia milium angelorum creavit, ut dixerunt veteres sapientes, et hi angeli peccaverunt cogitando et digni fuerunt poena, et hanc ob causam in corpore hominum vincti sunt usquedum poenitentia eorum impleta erit. Postea autem revertentur ad creatorem suum
35 atque ad servitium suum spirituale, et si rursus peccaverint, denuo vinciuntur, et quamdiu in corpore hominum sunt nihil recor-

dantur de priore existentia sua, ne vincula sua rumpant neve carnem suam interimant amore prioris existentiae inciti. Deus autem creavit angelo peccatori hunc pulchrum carcerem qui est corpus hominis, et angelus ipse dum in eo vincitur vita eum implet usquedum exierit ex eo, et illa die carcer eius deletur, ne alteri sit, 5 propter dignitatem eius qui in eo vinctus est. Praeterea quia peccata angelorum non omnino paria fuerunt, sed peccatum unius maius fuit, peccatum alterius minus, ob hanc rem vinciuntur in carne hominum secundum peccata eorum : unus in hoc corpore paucos dies manet, alter multos annos. Atque qui pauca peccaverunt libe- 10 rantur sive moriuntur pueri; qui autem multum peccaverunt moriuntur viri aut senes; et qui plus peccaverunt quam hi atque etiam peccare pergunt in hac vita, ei vinciuntur multos annos in mala existentia eorumque vitae tempus est longum et dolorosum. Haec ergo sapientes illi dixerunt; atque ad doctrinam confirmandam 15 *alia* addiderunt dicentes : «Si anima nostra non peccasset in priore existentia, non puniretur in hoc mundo, quia Deus non potest punire eam nisi secundum peccatum eius.» Ego autem postquam in hanc doctrinam inquisivi, repperi eam limites intellegentiae nostrae excedere; neque cognoscere possumus, utrum verum sit an 20 falsum.

CAPUT XI.

*p. 41. Praestantius autem quam haec doctrina est quod magister *meus sapiens Zar'a-Yā'qōb dixit. Temptationes et afflictiones, *inquit*, quae hominibus accidunt in hoc mundo, eis probationi sunt ut homines digni fiant mercede quam creator eorum iis praeparavit; 25 neque enim premium ei debetur qui non servit neque merces debetur ei qui non probatus est tempore temptationis. Atque ut argentum probatur in fornace ut purum fiat et defaecetur, ita homo probatur afflictione et temptatione. Qui ergo patiens est tempore temptationis et benedicit Deo tempore afflictionis suae et se ipsum 30 humiliat eum laudans et adorans et ei servit omni tempore, is dignus est mercede incorruptibili. Qui autem non cognoscit dominationem Summi Dei et abnegat eum tempore temptationis et maledicit ei tempore probationis, is castigabitur, sicut filius refractarius et servus qui abdicat dominum suum merentur. 35

PRECES. — Adoro te, Domine, rex mi, et laudo te, Deus mi,

omni tempore et confido tibi et adoro voluntatem tuam sanctam; tu es Deus meus et dominus meus. Et ut oculi servorum in manum dominorum, ita oculi mei semper versus te spectant[1]; age mecum prout tibi placet, nam voluntas tua iusta est in aeternum. Verum
5 dum adoro dominationem tuam, rogo te et supplico tibi toto corde meo, ne dies temptationis meae longos aut graves reddas, ne in cor meum incidat stultitia multorum *hominum* qui grates tibi agunt si bene feceris eis, sed tibi maledicunt si eos temptaveris. Da animae meae robur et confirma eam ne labefactetur. Neque enim tibi dico,
10 ne temptes me, sed fac ut contendam et patiens sim, sicut decet rationalem creaturam tuam, si tibi placuerit eam temptare; et fulci me, ne labar neve ullo modo repudiem te, sed fac ut semper te laudem, cum bene agis mecum benedictione tua, cum temptas me sancta tua voluntate; tu enim es dominus meus et Deus meus
15 ante saeculum usque ad saeculum.

CAPUT XII.

Quod attinet autem ad precationem, decet nos semper orare ad Deum creatorem nostrum, ut ea quibus vita nostra eget adipiscamur et nos donet scientia et sapientia ad bene agendum; oratio enim digna et necessaria est essentiae animae nostrae rationalis. Si qui
20 vero dixerint : «Precatione non opus est quia Deus omnes necessitates nostras scit; nam postquam ipse nos creavit cum his necessitatibus, oportet eum dare nobis quibus nobis opus est sine precibus» ego illis dico : «Precatio non instituta est ut Deum certiorem faciamus de necessitatibus nostris, quas ipse melius *quam * p. 42.
25 nos novit, sed precatio instituta est ut digni fiamus qui favorem Dei recipiamus, et sciamus a quo accipimus quibus vitae nostrae opus est et cognoscamus omnia haec a Domino Deo nostro esse, et grates ei agamus et laudemus eum semperque cogitando et laudando prope eum simus Deus enim creavit nos propter gloriam
30 suam, neque quidquam ei opus est a nobis. Qua de re homines ab animalibus differunt; nam animalia nesciunt a quo accipiant ea quibus indigent. Homines autem sciunt Deum creatorem exaudire precationem suam et dare precanti ea quae orat. Iam vero precatio coniungit et unit nostrum spiritum cum creatore nostro et laudat

[1] Cf. *Ps.* CXXII, 2.

eum nosque docet Deum omnia creasse, omnipotentem esse, fontem esse omnium opum et omnis gratiae; nos autem creatos esse et pauperes miserosque et carentes omnibus bonis, et debiles quibus non est adiutor nisi Deus solus. Quam ob rem anima hominis sine precatione de ordine suo alto decidit atque inter ordines ani- 5 malium numeratur, qui ratione carent, et iis par habetur neque digna est benedictione creatoris sui, quia eum repudiavit, neque eum cognovit, neque ad eum appropinquare voluit, sed a fonte omnis benedictionis procul abfuit, et maledictionem praetulit et donatori vitae inimica fuit, ita ut expulsa in tenebras incideret ubi 10 sol iustititiae non fulget, neque voluit in creatore suo manere ut ramus in trunco; atque ut rami a trunco suo abscissi vita carent, ita spiritus noster vivere nequit nisi prope creatorem suum est, et in eo versatur, precans et gratias agens et semper adorans.

CAPUT XIII.

Et si homo hoc modo ad creatorem suum accedit et cum eo pre- 15 cando et gratias agendo tanquam suspensus manet, decet eum non a proximo suo abesse, quia Deus iussit homines cum proximis uniri et consociari. Deus enim non creavit hominem ut per se ipsum versetur, sed eum societate *aliorum* hominum indigentem creavit. Nam homo per se ipsum vivere nequit, atque unus auxilio 20 alterius eget. Omnes autem homines decet inter se iuvare, quique e congregatione hominum secesserint, legem creatoris sui abrogant. *p. 43. Tu ergo, ne eos laudes *qui ex hominibus secedunt ut anachoretae in cavernis campi habitent. Ii enim ignoraverunt voluntatem creatoris, qui omnes et singulos homines iussit inter se iuvare; 25 atque homo solitarius inutilis est congregationi hominum sicut iamdudum mortuus, neque Deus servitium eius hominis accipit qui recusavit ea qua eum duxerit via ire neque nota servitute quae ei imposita est servire vult.

Praeterea Deus omnes homines creavit aequales ut fratres, filios 30 unius patris, et ipse creator noster pater omnium est. Quam ob rem decet nos amare inter nos, et hoc praeceptum aeternum observare quod Deus in tabula cordis nostri inscripsit quodque dicit : Dilige proximos tuos ut te ipsum, et fac iis quod eos tibi facere vis, ne facias iis quod eos tibi facere non vis, atque obser- 35 vando hoc praecepto principali perfectio omnium operum nostrorum

et omnis iustitiae invenitur. Ne bona tibi videatur doctrina stultorum qui dicunt : «Verbum hoc «proximus» non indicat nisi consanguineos solos, sive vicinos nostros, sive amicos nostros, sive eidem fidei addictos ac nos.» Tu ne dicas sicut illi; nam
5 omnes homines proximi nostri sunt sive boni, sivi mali, sive Christiani, sive Mohammedani, sive Iudaei, sive pagani : omnes aequales sunt nobis ac fratres nostri, quia nos omnes filii unius patris sumus et creati ab uno creatore. Quam ob rem nos decet amare inter nos omnes et bene agere cum omnibus quantum pos-
10 sumus neque cuiquam malum ingerere. Iam vero decet nos patienter ferre ignorantiam et peccata hominum atque errores per quos dolore nos affecerunt eis remittere, quia nos ipsi peccatores sumus et peccata nostra nobis remitti cupimus. Ac si qui dixerint : «Quid decet nos facere iis qui nobis male volunt?» ego dico iis:
15 «Decet nos malitiam eorum a nobis arcere quantum possumus neque malum pro malo iis retribuere, quia solius Dei iudicis omnium est ulcisci; si vero malitiam eorum quam contra nos machinati sunt a nobis arcere non possumus nisi affligendo eos, eo solo tempore nobis licet vitam et existentiam nostram servare omni qua possumus
20 ratione et licet nobis violentiam eorum a nobis arcere vi nostra, consilium eorum consilio nostro, dolum eorum dolo nostro,* hastam eorum hasta nostra; Deus enim rationem et vim nobis dedit ut vitam et salutem nostram servemus atque e retibus et oppressione hominum pravorum aufugiamus. Quod si perficere non possumus,
25 decet nos patientes esse et curas nostras in Deum iacere eumque sinere nos iudicare et vindicare, et rogare eum ut nos ab oppresione hominum servet et liberet. Et nisi illo modo coacti sumus, non licet nobis ulla iniuria afficere ullum hominem dicendo aut agendo, sed decet nos procul abesse scrupulose ab omni mendacio, calumnia,
30 maledictione, furto, adulterio, percussione, nece, ab omni opere quod proximum nostrum eiusque substantiam affligat aut perdat; haec enim ordini creatoris adversantur, omnes leges naturae destruunt, amorem et concordiam quibus omnibus hominibus una opus est exstinguunt.

* p. 44.

CAPUT XIV.

35 Ut dentes muris tenues vestes maximi pretii perdunt, ipse autem nihil iis nutritur, ita est lingua *hominum* quae calumniis bonum nomen exstinguit, nihil autem lucri captat e calumnia : verum

bonum nomen plus valet quam tenues vestes et omnes possessiones. Atque ut grando spicas perdit, ipsa autem concutitur cadens, ita est calumnia quae ex ore hominis exit : simul et proximum probro afficit, et calumniatorem perdit. Atque ut ignis domum eius qui eum fecit comburit, ita est ira hominis quae viscera eius comburit. 5
O mi fili, ne sis iracundus omnino, ne poeniteat te acerbe; neve sol occidat super iram tuam. Sed esto facile convertens ab errore tuo, et si contra proximum tuum peccaveris, ne tardes resipiscere, sed surge extemplo et retribue ei bonum pro malo quod ei ingessisti, eumque tibi reconcilia, ut pax sit et Deus tibi benedicat; et esto 10 vir pacificus cum omnibus, et vox mala ne exeat ex ore tuo. Esto mitis et consolans erga afflictos et tristes, et Deus bonam mercedem tibi dabit. Et reminiscere eleemosynam dare : si panis tibi est, divide eum cum fratribus tuis esurientibus, et Deus te e bonis suis satiabit; et si potestas tibi est, libera fratres tuos oppressos, et 15 Deus te liberabit neque virgam peccatorum in portione tua sinet; et si sapientia praeditus es, miserearis eorum qui scientia carent, et Deus faciet ut mysteria sua intellegas et arcanam suam sapientiam p. 45. tibi aperiet. Atque si *efficere potes, omnibus hominibus placere cupias; nam dominus Deus noster amor est. Qui autem semper 20 proximum amat eique placet, is cum Deo erit et Deus cum eo. Amor mutuus enim ornat totam hominis vitam et omnes afflictiones nostras leviores facit, atque totam vitam nostram sapidam et suavem, et ex hoc mundo regnum caelorum facit. Verum non decet nos mutuo amare ore et lingua solis, sed operibus et re- 25 apse[1]. Ac ne simus ut illi Christiani terrae nostrae qui amorem Iesu Christi docent ore suo, in corde autem amorem non habent et invicem sese diris devovent sibique maledicunt et inter se litigant de fide sua. Hic amor non a Deo est neque quidquam prodest. Iam vero ne diligamus inter nos ut illi hypocritae quorum os iustitiam 30 et amorem loquitur, quorum sub lingua autem venenum serpentis est[2], quorumque cor semper odium et inimicitiam meditatur. Itemque ne diligamus inter nos sicut illi qui consanguineos suos et amicos et eidem fidei addictos diligunt, alios autem atque alteri fidei addictos oderunt; nam amor eorum non perfectus est, et nos 35 oportet novisse omnes homines aequales esse creatione et omnes filios Dei; atque erramus, si homines propter fidem oderimus quia

[1] Cf. I Ioh., III, 18. — [2] Cf. *Ps.* XIII, 3.

unicuique licet credere quidquid verum ei videtur. Fides autem non firmatur aut recta videtur in corde hominum per vim et excommunicationem, sed per scientiam et doctrinam; atque ut non licet nobis homines propter eorum scientiam odisse, ita nobis
5 non licet odisse eos propter fidem eorum.

CAPUT XV.

In omnibus rebus quas hominibus facies consule cor tuum coram Deo et fac proximis tuis quae eos tibi facere vis; ne autem facias proximis tuis quae eos tibi facere non vis : nam hic amor et haec
10 mutua caritas principale praeceptum est quod Deus nobis dedit et in tabula cordium omnium hominum inscripsit. Tu autem, mi frater, si bonos dies videre vis, cum omnibus hominibus amore et pace concorda; atque ad hoc perficiendum valet quod dictum est in sapientia veterum : Si domi fueris, more tuae terrae vive;
15 si *in aliam terram ieris, vive eorum more. Magna enim sapientia est pacem habere cum omnibus et arcere litigationem inter te eosque et maledictionem cui finis non est. Nihil impurum habe nisi quod legibus quas Deus omnibus creaturis imposuit adversatur, sed omnis res quae legem creationis non destruit pura est neque
20 quidquam impuri in natura eius est. Verum quanquam omnia pura sunt secundum bonitatem naturae, tamen non ita apud homines; sunt enim mores qui secundum consuetudinem unius terrae boni sunt, apud alios autem non boni. Ac si morem eius in qua habitas terrae non observaris, destruis caritatem, et litiga-
25 tionem maledictionenque attrahis. Tu ergo, ne facias quidquam quin bonum sit secundum mores *terrae in qua es*, neve dicas nihil peccati esse in illa re, sed lauda morem eius terrae, in qua habitas, et associare cum hominibus illius terrae, et precare ad Deum, ut omnibus bene facere velit secundum naturam et morem
30 et consuetudinem eorum. Verum ne deseras ob hanc causam sapientiam quam Deus te docuit, sed tene quae lux rationis tuae tibi demonstravit, et sequere mores hominum dum habitas cum eis. Tu autem purifica cor et animum tuum, et diem ex die facta tua *magis* perfecta redde, ut penes creatorem tuum, qui te perfectum
35 vult, favorem reperias.

* p. 46.

CAPUT XVI.

Puer ac iuvenis honora et dilige parentes tuos, nam erit tempus quo honorem pietatemque a libe is tuis cupies : time Deum qui te iubet patrem et matrem honorare. Observa hoc praeceptum diligentissime et dilige parentes tuos ex toto corde tuo, ne quicquam eos affligas ulla causa, ne ore suo tibi maledicant in corde suo dolentes neve Deus illis obsecutus te reiiciat. Iuva eos et place eis omnibus bonis rebus, et tempore quo tu auxilio indigebis liberorum et aetate minorum, qui te senem custodiunt atque alunt, illo die Deus bonum tibi retribuet. Si vero durus et asper fueris cum parentibus tuis et aetate maioribus, Deus male tecum agi iubebit tempore senectutis tuae atque liberi tui et aetate minores te male ulciscentur prout tu contra aetate maiores peccasti. Tunc autem amare flebis et poenitebit te frustra.

* p. 47. Fuit vir quidam *senex oculis captus, et die quodam cum filio rixabatur; filius autem vir pravus erat. Atque dum rixantur, iste filius iratus pedem patris sui captum per saxa et vepres trahere coepit; pater autem flebat et tenui voce clamabat. Atque cum ad locum quendam notum venissent, ille senex exclamans dixit filio suo : «Sine me paululum et audi me»; *filius* eum sivit et : «Dic» ait. Senex autem amare plangens dixit : «Ego pravus fui tempore pueritiae meae; et rixatus cum patre meo, ut tu mecum egisti hodie, iratus patrem meum percussi et traxi eum usque ad hunc locum. Deus autem me ultus hodie malum mihi retribuit prout meritus sum. Tu autem sine me nunc, et poenam tuam ne facias maiorem quam meam; neque enim remittetur, sed super te veniet.» Quae historia nos docet Deum unicuique retribuere secundum facta eius et ulcisci pueros pro malis quae parentibus et aetate maioribus ingesserint.

Et tu, mi fili, esto fortis et patiens infirmitatis eorum et asperae naturae, ne affligas eos ulla re, sed place eis quantum potes, ut e gaudio cordis tibi benedicant, atque Deus benedictionem suam addat benedictioni eorum et a die malo te servet, te custodiet et beatum reddat in terra et te in lecto morbi ac senectutis tuae iuvet. Et audi consilium aetate maiorum et sapientiam eorum ne despicias neve neglegas eos coram facie ipsorum ne de te doleant, sed semper eos honora voce humili et comiter agendo : solum in animo habe, ut semper inquiras et consulas et in bono persistas.

CAPUT XVII.

Ne desistas doctrinam discere neve desinas omnibus diebus vitae tuae, neve unquam dicas: «Multum didici et doctrina mea mihi satis est.» Nam etiamsi omnes hominum doctrinas didiceris, tamen multae erunt quas ignorabis. Multas doctrinas serva ut multos
5 labores invenias : ne maneas in una doctrina, quia ea est pigritia. Quin spectes ad apem *mel* collegentem e floribus campi : non manet in uno flore aut in uno agro, sed migrans colligit ex omnibus *floribus et duo elementa producit, quae sunt mel et cera, atque alterum est delectationi interdiu dum bibitur, alterum est lampas
10 noctu, dum lucet. Tu quoque eodem modo si sapientiam collegeris ex omnibus doctrinis duo elementa produces, quae sunt mel bene agendi, quod suave est et cor tuum delectat, et cera doctrinae tuae quae intellegentiae tuae lumen praefert, ut lucerna sit occaecatis terrae et scientia carentibus atque caliginem expellat a corde eorum
15 qui in nocte ignorantiae suae dormiunt et in caligine stultitiae suae errant.

* p. 48.

CAPUT XVIII.

Laborem manuum dilige quatenus cum vita tua convenit, et peritus eius esto, ut lucrum eius captes; et laboris manuum ne te pudeat, quia Dei praeceptum est et sine labore manuum omnes
20 creaturae humanae pereunt et tota vita eorum destruitur. Ac ne dicas : «Labor manuum decet pauperes et operarios, fabros et aedificatores, filios opificum, non filios primorum et nobilium»; haec cogitatio e superbia cordis emanat. Nonne necessitates vitae nostrae ab omnibus singulis aequaliter postulantur, atque ut necessitates
25 vitae nostrae non implentur nisi labore manuum, ita unicuique impositum est laborare ut necessitates suas impleat, ac ne dicas : «Mihi sunt possessiones quibus edam bibamque sine labore»; nam hoc e prava pigritia emanat et destruit ordinem creatoris qui dixit[1] : Fructu laboris tui vesceris. Qui autem labore alieno alitur etiamsi
30 laboris potens est, is fur est et latro. Tu autem inde a puero labori manuum assuesce; pigritiam autem arce a te ipso magna diligentia, quia homo piger gratia Dei dignus non est. Et fac laborem tuum ut tempore utili necessitates tuas et familiae tuae et pauperum

[1] Cf. *Gen.*, III, 19.

tuorum impleas. Ac ne cor tuum percellatur si fructus laboris tui pereat aut perdatur, sed persevera in labore tuo et ad Deum precare ut illi fructui benedicat eumque multum reddat. Ac ne labora ut animalia quibus ratio non est, sed laborem tuum sapientia tua bene para ut utilitatem et lucrum augeas, fatigationem tuam deminuas. Atque si Deus laborem tuum prosperaverit et tu fructum eius collegeris, gratias ei age et toto tuo corde et gaude cum omni familia tua : ede et bibe et diem festum gaudii et delectationis age et in labore tuo persevera ut addas fructum ad *fructum laboris tui quem repperisti, et lucrum ad lucrum quod captasti. Ne unquam dicas : «Sat mihi»; neve dicas : «Paullum vitae meae sufficit; quidnam laborem frustra?» nam hoc dictum a prava pigritia emanat. Sed acquire multum, quantum potes sine improbitate, et gaude omnibus possessionibus tuis quas acquisisti sudore vultus tui, et esto ut creator noster : ut enim creator noster potestate et sapientia sua omnia quae videmus bona vitae huius mundi e nihilo procreavit, ita tu labore tuo et sapientia tua ex opere eius fructum bonum vitae tuae et vitae proximi tui produc.

* p. 49.

CAPUT XIX.

Ne sis avarus in omni vita tua, quia homo avarus bifariam pauper est : pauper est propter id quod non habet, et pauper est propter id quod habet. Nam est ut aliquis qui nihil habet : neque edit nec bibit nec gaudet iis quae habet, sed opes suas includit et in paupertate permanet quamquam possessiones habet. Haec autem magna stultitia est et acerba castigatio quam Deus hominibus duris inflixit : neque enim delectantur divitiis suis neque proximum suum delectant, et divitias suas per longum tempus inutiles reddunt. Quam ob rem Deus prudentiam eorum tanquam absorbuit et eos servos fecit ut laborent acquirantque nescientes cui laborent acquirantque, atque oeconomi sint aliis hominibus et inimicis suis, ipsi nullo e fructibus laboris sui usi. Tu autem procul abesto a stultitia eorum et sapiens esto tibi ipsi, et possessione tua delectare quamdiu vives, et possessionem tuam ne acquiras aliis aut generationi quae post te veniet : nam portio tua quam Deus tibi dedit in terra haec est ut edas et bibas et delecteris quamdiu eris in hac vita; sin autem mortuus eris nihil tecum sumes, et omnia quae collegisti tunc tibi inutilia erunt. Quam ob rem si prudens es, ne abstineas fortuna quam Deus creator tuus tibi dedit : ede, bibe, delectare. Verum ne unquam excedas limitem necessitatum tuarum, quia excedere limitem huius mensurae perdit valetudinem et delectationem tuam exstinguit. Neve omnino bibas usque ad ebrietatem, quia ebrietas rationem destruit atque intellegentiam, qua ab animalibus irrationalibus differimus, et naturam nostram perdit atque infra animalia et feras eam humiliat, neque ebrii digni sunt qui inter homines numerentur.

*CAPUT XX.

Selige cibos tuos qui vitae tuae prosint et praepara eos sapientia et diligenter lustrando ut dulces tibi sint et saluti; Deus enim tibi ad id rationem dedit et gustum in cibis creavit ut quaeramus eos et delectemur iis et creatori nostro gratias agamus qui nobis bona innumerabilia dedit. Ne autem simus ut illi stulti quibus videtur Deus prohibuisse nos edere cibos quos ipse creavit vitae hominum : sine[1] eos ieiunare et abstinere donis creatoris sui; nam hoc modo poenam solvunt stultitiae suae : quia sapientiam Dei intellegere noluerunt, in contemptum hominum inciderunt. Ne magni habeas verba eorum cum tibi dicunt : «Oportet nos ieiunare»; sed : «Ita faciam» dic, quia illis similem videri tibi expedit. Sed bene agas cum edes quotiescunque esuris, et bibis quotiescunque sitis; talis enim est voluntas Dei creatoris tui, qui te cum desiderio edendi et bibendi creavit. Neque quidquam prohibitum est in tota creatione neque quidquam inter omnes cibos nisi solum quod vitam nostram perdit; neque quidquam prohibitum est pro diebus vitae nostrae, sed necessitas edendi nostra aequalis est omnibus diebus nostris. Homines autem qui legem ieiunandi instituerunt non inquisierunt neque sapientiam creatoris intellexerunt.

CAPUT XXI.

Ne cupias induere vestes pretiosas, quia hoc vanum est : indue vestem puram et albam; ne induas vestem sordidam quae valetudinem perdit et scabiem lepramque in cuti corporis tui producit. Tu autem vestem tuam satis superque lava; Deus enim multas

[1] ኅድጎሙ legendum videtur pro ኅደጎሙ.

aquas tibi creavit. Ac ne recumbas neve dormias in tellure, neve in foliis aut herbis humidis, quia id valetudini nocet et scabiem in carne corporis tui producit : recumbe et dormi in regione elatiore et frigida, in lecto qui circa duas ulnas altus est aut circa tres sive quattuor ulnas sive plus in regione vallium; et stude omni puritati corporis et animae tuae, ac ne sis ut animalia irrationalia neve similis sis eis, quia Deus tibi dedit rationem ad omnia illa. Atque sicut intellegentia tua maior est quam illorum, ita vitae rationem tuam meliorem fac quam illorum : aedifica domum tuam spatiosam et lucidam eamque orna multa sapientia, ac ne habites in speluncis ut hyenae. Delectare bonis rebus quas Deus tibi dedit, ac ne sis avarus aut* piger, sed bene para cibum, vestem, domum totamque vitae rationem tuam.

* p. 51.

CAPUT XXII.

Ne sis durus erga proximum tuum : si multae tibi sunt possessiones, da multum; si paucae, divide eas cum indigentibus atque iis qui pauperiores sunt quam tu, et favor Dei super te habitabit : ille enim una creavit divites et pauperes, fortes et debiles, ut nos invicem iuvemus et caritatem mutuam corroboremus. Et distinguas inter pauperes debiles et pauperes pigros : debilibus da quae in manu tua sunt, pigris autem dic : «Ite et laborate, ut fructu laboris vestri vescamini», ac ne fletum pigrorum audias, cum tibi dicunt se fame morituros esse; nam hic est ordo creatoris : qui laborare non vult, esuriat et paupertate pereat. Tibi autem magis expedit possessiones tuas in mare iacere quam eas pigro dare, ne in pigritia sua confirmetur; arce eum abs te sine clementia, quia legi Dei adversatur.

CAPUT XXIII.

Ut pestilentia quae genus humanum perdit atque ut serpens veneno plenus, ita est calumnia quae ex ore hominis exit. Cave calumniam; nam multa mala et innumerabiles calamitates e calumnia nascuntur. Ne audias, qui fratrem suum calumniatur, etiamsi vox eius auribus tuis placet, quia tute ipse homines te calumniari non vis. Quam ob rem te decet calumnia abstinere; nam calumnia re vera furtum est, cum lingua nostra nomen proximi nostri praedetur; atque sicut furem oportet condemnari quia possessionem proximi furatus est, ita calumniatorem oportet dure puniri propterea quod bonam famam proximi sui furatus exstinxit : tu autem custodi os tuum atque linguam tuam, etiamsi cum amicis tuis loqueris; nam tua lingua peior est quam omnes inimici tui. Atque dum vox ex ore tuo exit, dulcis tibi videtur; postea autem ardebit ut flamma ignis in arundine sicco, neque ulla re eam exstinguere poteris. Atque decet te trutina sapientiae tuae omnes voces tuas pendere priusquam e corde tuo exeant; si minus, frustra te poenitebit postquam eas ignorantia tua eduxisti. Et reminescere non esse dictum melius quam silentium, sed silentium esse melius quam omnia dicta, et hominem loquacem non prosperum esse in terra.

Fuit vir quidam qui ivit ad unum e veteribus sapientibus* dixitque ei : «Dic mihi, o sapiens, quid mihi faciendum sit, ut pacem nanciscar cum omnibus hominibus.» Et iste sapiens nihil ei respondit, sed unam manum super os suum posuit, alteram super pudenda posuit. Qua re indicavit tres causas quae faciunt ut homines inter se luctentur : una ex iis lingua est quae turpia, stulta, calumnias, convicia loquitur, et innumerabiles gignit inimicitias. Altera causa quae facit ut omnes homines inter se luctentur, pudenda sunt quae multum scortantur et neces bellaque infinita adducunt. Tertia causa sunt manus, si ad possessiones proximi porriguntur. Tu autem, si sapiens es, custodi os tuum et linguam tuam diligentissime, ac ne loquaris quae tibi non prosunt, neve multum facias loquendi, neve loqui festines. Iam vero custodi manus tuas et arce eas ne omnino porrigantur ad quicquam e possessionibus proximi. Furtum enim magnum peccatum est et magnam ignominiam affert. Atque ut tu non vis quicquam e possessione tua deleri, ita vide ne deleas quicquam e possessione proximi tui neve fructum laboris eius perdas, ne ille de operibus tuis lugens tibi maledicat neve Deus invocatus te castiget; sin autem quicquam e possessione proximi tui perdideris aut deleveris, sive consulto sive nesciens, aut si quicquam proximo tuo debitum invenitur quavis causa, ne hesites, sed cito retribue ei quantum ei debes, ne una cum praedonibus puniaris. At si iudicium humanum non times, non poteris aufugere iudicium Dei ullo modo. Atque stude omni vigilantia custodire pudenda tua; si minus, malum infinitum te invadet : neque enim est pax scortatori neque misericordia apud Deum aut apud homines. Ne tollas oculos tuos ad mulierem *alterius* viri ut concupiscas eam, quia rete afflictionis

* p. 52.

in eo est. Viro autem mulier sua sufficit, et feminae quoque maritus suus. Procul abesto a scortatione quae nihil prodest: prius tibi videtur suavis, sed postea amarior erit quam venenum serpentium. Ne obsequaris concupiscentiae carnis tuae quae te ad mulierem *alterius* viri attrahit aut ad maritum alterius feminae; hoc enim 5 furtum magnum est et iudicio dignum.

CAPUT XXIV.

Si uxorem non habes, *feminam* in matrimonium duc, atque, si * p. 53. *maritum non habes, nube : hoc enim est praeceptum creatoris, qui virum feminamque cum desiderio matrimonii creavit. Atque ne sis ut illi stulti qui matrimonium impurum declarant, neve 10 monachos laudes qui adolescentes monachi fiunt ; nam haec vita monastica ordinem creatoris destruit et creationi naturae nostrae adversatur. Matrimonium autem opus magnum et sanctum est et in eo sapientia creatoris clarior apparet quam in ceteris manuum eius operibus. Quam ob rem hic de eo scribere optavi. 15 Matrimonium enim pulchrius et maius est quam omnia mysteria creationis, et magis quam omnia illa prodest generi humano totique vitae eius, et sapientiam creatoris eius demonstrat et laudat eum qui laudatus est laude mysterii matrimonii. At homines non agnoverunt bonitatem eius, sed despexerunt et vilipenderunt id 20 tanquam sordes : omnes homines autem vani sunt et deceptores qui libram iniuria violant, dum res contemnendas honorant, res reapse honorandas contemnunt. Nam ut arbor viridis quae fructus fert plus valet quam arbor sicca et marcida, ita matrimonium plus valet quam vita monastica; homines autem libram violant, cum 25 vitam monasticam pluris habent quam matrimonium. Ne audias eos, sed cogita in matrimonio hominem esse creatorem similiter ac creatorem eius atque eum implere consilium Dei Summi eiusque praestantem sapientiam. Atque si matrimonium sanctius non esset quam vita monastica, Deus homines non iussisset matrimonium 30 inire : num creator non potuit homines alia via ad liberos gignendos ducere quam matrimonio? Verum nolebat vitam monasticam, sed virum et feminam creavit ut ordine matrimonio unirentur. Neque nobis licet ordinem creatoris impurum habere aut infra ordinem hominum humiliare. Vita monastica enim ex ordine homi- 35 num est, matrimonium autem e lege naturae et e voluntate

creatoris qui matrimonium instituit idque confirmavit, ornavit, remuneratus est voluptate quae suavior est quam omnes voluptates huius mundi, et homines ad hunc statum matrimonii attraxit secreta potestate cui nemo resistere potest, ne vita hominum destrua-
5 tur neve genus eorum pereat. Omnes viae Dei iustae et rectae sunt et omnis eius sapientia admirabilis est. Homines autem ignorantia sua vitam monasticam instituerunt quae primam naturae nostrae legem violat, et consilium quod ipsi perficere non possunt machinati sunt. Nam vir monachus excedit viam in qua Deus eum crea-
10 vit, neque ullo modo consilium quod creator eius non desideravit perficere potest. Quam ob rem cotidie videmus monachos *concu- * p. 54. piscentia carnis ardere et tabescere et peccata quae contra naturam sunt committere. Tu autem, observa legem quam creator tuus tibi imposuit, et vitam monasticam adolescens ne quaeras neve
15 diligas neve laudes vel eos qui virginitatem conservare potuerint quia ordini creatoris adversantur eumque destruunt. Sed feminam in matrimonium duc tempore utili, et quando ad iustam aetatem perveneris et caro tua necessitatem matrimonii tibi demonstrarit ne hesites, sed cito matrimonium ini, ne peccata quae contra natu-
20 ram sunt committas neve mercedem quam creator tuus in matrimonio tibi paravit perdas neve felicitatem eius abs te arceas. Procul abesto a scortatione ac ne migres ab una ad alteram; neve femina desideret maritum post maritum, quia ea est scortatio quae nihil prodest et ordinem quem creator hominibus imposuit excedit.
25 Atque feminam nobilem et pulchram uxorem ducere ne cupias, ne superbia eam invadat; neque enim mutuus in matrimonio amor convenit cum superbia uxoris; et femina viro forti et superbo nubere ne cupiat, ne eam despiciens ad aliam eat. Amor autem pluris valet quam magnae divitiae et omnis honor huius mundi. Atque
30 cum iusta aetas feminae citius adveniat quam iusta viri aetas eaque citius senescat, magis tibi expedit uxorem ducere quae circa octo vel decem annis natu minor quam tu est. Et postquam matrimonium inistis, vir et femina, vos invicem diligite e toto corde vestro; nam non iam duo, sed una caro estis, atque ab eo tem-
35 pore ne alium virum aut aliam feminam cupiatis, sed alter alteri placete quantum potestis mutuo auxilio et amore perfecto; totam vitae vestrae rationem bene parate, ordinem matrimonii vestri iucundum reddite eoque delectamini. Haec voluptas enim vobis licet atque pura et accepta est penes Deum qui matrimonium

eiusque concubitum sanxit. Et magna sapientia in corpore nostro istud nobis fecit instrumentum, quod voluptatem concubitus procreat : admirabile est neque intellegi potest. Nos ergo dedecet id polluere rebus quae contra naturam sunt, sed nobis admirandum et sanctum habendum est in ea qua creator noster nos duxit via, 5 quae est matrimonium singulorum cum singulis, et grates agamus * p. 55. Deo qui has delicias nobis in* corpore mortali paravit. Quae lingua potest loqui aut quae manus potest scribere mirabilia creatoris nostri? Atque ut e terra frumentum cum suavitate edendi et potestate vitae eduxit, ut cum nos suavitatem edendi quae- 10 rimus, vita nostra corroboretur : ita quoque in pulvere corporis nostri admirabile instrumentum fecit ad procreandam voluptatem quae maior est quam omnes voluptates, et ad augendum genus humanum quod omnia creationis opera superat. Atque nos cum hanc voluptatem in ea quae nobis licet via quaerimus, genus nos- 15 trum nostri simile augemus : omnia opera Dei admirabilia sunt et magna est inenarrabilis eius sapientia. Homo autem cum sit miratus, id non cognovit, ut animalia fuit eorumque similis, iam eis peior praviorque, cum hanc voluptatem contra naturam quaesiit aut hanc creatoris sapientiam despiciens secundum legem eius ambu- 20 lare noluit. Tu autem, mi frater, ne excedas viam in qua creator tuus te duxit, et in ordine matrimonii *quod inieris* cum una uxore tua permane. Procul abesto a scortatione et fundendo semine contra naturam et a vita monastica mortua : nam haec omnia viam naturae et voluntatem creatoris excedunt. Verum ad uxorem tuam ap- 25 propinqua admirans et laudans creatorem tuum, et quando ad eam introieris, ne quaeras voluptatem concubitus tibi soli, sed uxori tuae quoque eam dulcem redde et portione eius quam Deus ei dedit eam privare noli; quam ob rem ne facias festinanter, sed paululum cunctare usquedum ipsa quoque eo delectata erit, ne 30 voluptas eius minor quam tua relinquatur aut imminuatur. Nisi hoc gratum ei feceris dolebit et te despiciet, neque matrimonium tuum favorem Dei nanciscetur. Ne audias eos qui tibi dicunt concubitum esse sordidum et in eo esse perniciosum odorem et tenebras ad nullam rem utiles; nam qui ita loquuntur abnegatores 35 creatoris sunt. Noli autem nimium concubere sine modo ne debilis fias; natura nostra enim limitata est neque nobis limitem excedere licet.

CAPUT XXV.

Omnia pulchra reddit amor : persevera in eo, ac ne sis ut multi mariti qui amant uxores suas aut multae uxores quae amant coniuges suos nonnisi breve tempus, et postea matrimonium suum oderunt; atque sibi invicem oneri sunt* et aliud matrimonium quod * p. 56.
5 melius iis videtur desiderant, aut matrimonium suum aversati separari volunt : ne sis ut illi, quia magno errore errant. Tu autem, cor tuum corrobora et persevera in primo matrimonio quo Deus te *cum femina* coniunxit quodque pluris tibi valet posteriore. Levitas autem naturae nostrae viro persuadet aliam feminam ei praestan-
10 tiorem esse; et feminae persuadet alium virum ei praestantiorem esse. Is autem est error : ne obsequamini illi concupiscentiae vestrae, quae mala est neque aliud potest quam vitam vestram amaram et gravem reddere vosque ipsos ad scortationem attrahere. Verum in hoc matrimonio perseverate et bene id parate quantum
15 poteritis. Nihil enim vobis prodest uxorem pro uxore aut maritum pro marito permutare : sed utile vobis est bellum facere matrimonium primum voluntate Dei initum. Quod autem Deus coniunxerit concupiscentia vestra ne separet, ne poena vobis obveniat quam Deus iis imposuit qui in ea via qua eos duxerit ire noluerint. Ut
20 accidit his diebus uni e consanguineis meis stultis.

Is enim adolescens uxorem duxerat et cum ea per decem annos in pace vixerat. Tunc autem, cum aliam vidisset, in corde suo dixit : «Haec mihi pluris valet quam uxor mea.» Et ivit, priorem dimisit, alteram uxorem duxit. At ea pessime agebat, itaque paucis die-
25 bus post inter se rixati sunt. Et cum eam quoque dimittere vellet ipsa ad praefectum regionis nostrae profecta *maritum* falso accusavit. Atque postquam multum litigatum est, ille vir in vincula coniectus omnes possessiones quae, in manu eius erant, solvit. Duobus annis post autem tertiam duxit uxorem, quae erat iracunda
30 et valde loquax. Die quodam cum eam ferire vellet, ipsa eum praeveniens assulam in eum proiecit; lignum autem volans in dextro oculo eius infixum est eumque perdidit. Ille usque ad hunc diem altero oculo orbus cum illa femina vivit, quae interdiu et noctu eum vexat : nos omnes autem eum deridemus, atque ipse patiens
35 est dicitque : «Egomet ipse hanc vexationem contraxi : nam prima uxor mea bona fuit; at ego cum ea in pace vivere nolui et alteram uxorem duxi quae possessiones meas perdidit, et tertia per-

didit oculum meum, et si quartam in matrimonium duxero, me interficiet.»

* p. 57. Tu autem ne sis ut ille; neve tibi videaris si * malam uxorem dimiseris bonam reperturus esse. Maiori usui tibi erit assuefieri ad eam quam Deus tibi dedit, eamque meliorem reddere consilio 5 et exemplo tuo et mansuetudine; nam mansuetudo totam vitam bene parat, natura amara autem omnia perdit.

CAPUT XXVI.

Estote inter vos patientes naturae vestrae durae et vitiorum vestrorum occultorum, quia in toto mundo non invenitur vir quin vitium habeat aut femina quin habeat vitium. Ac bene dixit unus 10 e sapientibus: «Si homo sine vitio esset, non moreretur, quia non esset homo.» Tu autem, o vir, reminiscere feminam esse debili natura atque minore intellegentia. Quam ob rem patienter fer asperitatem naturae eius et loquacitatem linguae eius, atque iram eius sine praeterire levem aestimans ac ne unquam cum ea rixeris: 15 et si huic rei assueveris, levis tibi erit. Tu autem, o femina, place marito tuo quantum potes, et delecta eum cibo et potione, et bene parando domum eius et vitam eius: neque enim maritus tuus te amare potest, nisi tu eum amaveris; sin amaveris eum, fieri non poterit ut te oderit. 20

Fuit autem vir quidam cuius uxor pigra et immitis erat. Itaque maritus eam aversatus ad aliam ire coepit; atque uxor zelotypa surrexit et ad medicum iit eique dixit: «Maritus meus me odit; nunc fac mihi remedium ut me amet.» Ille: «Ita faciam, inquit, sed ito, ac tres capillos e fronte leonis evelle mihique apporta, quia 25 illis ad hoc remedium opus est.» Et abiens cogitavit dicens: «Quomodo ad leonem appropinquare possum quin me devoret?» Tunc agnum sumpsit et in campum profecta cum leo egressus eam peteret ut devoraret eam, agnum ei dedit aufugitque. Leo autem cibum nactus eam sequi desiit. Atque postero die idem fecit et in hac 30 re multos dies permanebat, quia mariti zelotypia capta erat. At leo cum vidisset eam feminam sibi cibum apportare, haud aversatus eam dilexit, et quando cum agno veniebat, eam laetus excipiebat caudam iactans et ut canis manum eius lambebat cum eaque ludebat. Tunc illa tres capillos e fronte eius evulsit eosque medico 35 apportavit. Et dixit ei: «Ecce, tibi apportavi quod ad remedium

opus est.» Ille : «* Quomodo, inquit, potuisti evellere eos?» Atque * p. 58.
cum ei omnia quae facta essent enarrasset, ille ei dixit: «Ito, fac
marito tuo idem ac fecisti leoni, et maritus tuus te amabit; num
putas maritum tuum leone peiorem esse? Atque ut cibo portando
5 amorem leonis nacta es, ita amorem mariti tui nancisceris.» Et illa
profecta secundum medici consilium agere coepit et marito suo in
omnibus rebus placebat et patiens erat; itaque paucis diebus post
iste vir in corde suo cogitabat dicens: «Quid amem alias feminas
magis quam meam uxorem, quum haec bona sit et magis me
10 iuvet quam illae?» Tunc ad eam reversus amavit eam magnopere.

CAPUT XXVII.

Vos autem, liberi mei, mariti vos invicem amate atque ne sit ulla
rixatio apud vos, sed cotidie amorem vestrum et laetitiam vestram
consolando et ludendo renovate: ne unquam fidem vestram foedusque
rumpatis, ne una cum scortatoribus puniamini, sed in mutuo amore
15 permanete, in Deum sperate et ad eum precamini ut vobis bonam
progeniem det; nam gratia Dei [filii] merces fructus ventris [1]. Et
hoc est primum matrimonii desiderium, haec et prima via in qua
Deus virum et feminam matrimonium inire iussit, scilicet ut liberos
gignant. Quam ob rem magnum peccatum committunt atque una
20 cum necatoribus iudicentur ii qui quovis modo foetum ex utero
praemature abigere student. Vide ne ulla ratione associeris cum
consilio eorum qui turpe hoc facinus committunt : nam omnem
iustitiam omnemque misericordiam violant.

CAPUT XXVIII.

Vos grates agite Deo si vobis liberos dederit, iisque lactamini et
25 amate eos ut partem vestri ipsorum : educate eos multa diligentia
et sapientia; prospicite eis ut omnes vitae necessitates eis provi-
deatis; ducite eos inde a pueris in ea qua Deus eos ambulare voluit
via; docete eos quae eis nosse et facere oportet, ne malum exemplum
eis praebeatis, neu vestro exemplo male agere discant; sed exemplum
30 eis praebete prudentiae et bene agendi, ut prudentes sint ac bene
agant. Et quamdiu liberi vestri iam parvi sunt, natura eorum
iracunda et exardescens ne vos irritet, quia bonum et malum non

[1] Cf. *Ps.* cxxvi, 3.

iam distinguere possunt. Patientes estote, et cor vestrum firmum reddite : eodem modo enim vosmet ipsi educati estis, et vos decet
* p. 59. educare liberos vestros omni * patientia sine lassitudine. Dimittite iram atque eiicite indignationem, ac ne sitis ut illi stulti qui liberis suis irascuntur eosque verberant quotiescunque unum vas ruperint fortuito aut unum aquae poculum effuderint sine culpa, quique tacent si prave egerint. Vos autem patientes estote erga liberos vestros si fortuito quidquam e possessione vestra perdiderint inscientes. Sed castigate et verberate eos, si in cordibus eorum videritis malitiam, superbiam, inoboedientiam, iram, segnitiem, aut si maledixerint, calumniati erint, diris devoverint, aut si bona alterius furati sive praedati erint sive rapuerint, aut si scortati erint sive huic rei simile quidquam fecerint : tunc castigate, increpate, verberate eos tempore utili, ne propter silentium vestrum male agendo assuescant. Nisi vero eos castigaveritis inde a pueritia eorum, in malitia sua adolescent neque admonitionem vestram adulti audient.

Fuit vir quidam latro qui in campis versatus homines qui illa via praeteribant diripiebat et interficiebat. Quae cum audisset rex milites suos misit qui eum comprehenderunt et vinctum ad regem duxerunt, isque eum capitis damnavit. Atque cum eum ut caput gladio demerent, ducerent, senex pater illius latronis eum flens sequebatur. Postquam patrem conspexit ille latro, ut priusquam moreretur pauca cum eo loqueretur, quaesivit. Atque prope ad patrem aggressus eum ferire conatus est, sed manibus vinctis non potuit; tunc dentibus ei dirum morsum infligere coepit. Omnes homines autem qui illic aderant clamantes dixerunt : « Revera hic latro morte dignus est qui patrem quoque interficere voluerit. » At ille respondens dixit : « Non ego sum morte dignus, sed pater meus dignus est morte; nam cum puer spicam et frumentum furari coepissem, ille me laudabat cum me castigare deberet, et me operibus latronum assuefecit. Hanc ob causam, latro factus usque ad hanc mortis horam perveni. Si vero pater meus me castigasset tempore idoneo, non ad hoc iudicium pervenissem. » His dictis cum caput eius abscissum esset, omnes homines quibus liberi erant metuerunt.

Et tu metue liberis tuis eosque in timore Dei educa et in scientia eorum quae facere debeant. Atque cum liberos tuos admones, ne admoneas eos iratus aut voce maledictionis sive exsecrationis, sed
* p. 60. voce * sapientiae et consilii quo agnoscent se sua ipsorum causa et propter ipsorum utilitatem abs te castigari. Atque semper eos doce

et instrue verbis doctrinae et sententiose dictis et historiis et exemplis aliorum hominum ut procul absint a malo et bene agere discant. Iam vero instrue eos artibus scribendi et doctrinis et libris et doce eos laborem manuum et omnia quae iis usui sunt, ac ne gravere
5 neve animo deficias; nam omnis labor quo laboraveris et omnis aerumna quam perpessus eris et omnis toleratio quam toleraveris in educandis liberis tuis, tibi in rationem inducentur penes Deum et magnam mercedem tibi dabit atque liberi tui senectutem tuam beatam reddent et canitiem tuam in pace et indelebili spe in foveam
10 deducent. Si vero educationem liberorum tuorum neglexeris, ii pravi erunt tibique iudicium a Deo obveniet, et tempore senectutis amare flebis propter malitiam eorum; liberi tui autem te non audient, sed neglegent te sicut tu ipse educationem et doctrinam et exornationem eorum neglexisti tempore pueritiae eorum. Arce a te hanc plagam
15 tempore idoneo, et precare ad Deum ut liberos tuos sapientes reddat naturamque eorum bene paret et eos omni bono opère instruat; tu autem ut opima senectute delecteris et quiescas.

CAPUT XXIX.

Templatio et probatio vita hominis in terra est, neque eam bene parare potest nisi patientia et sapientia. Patiens plus valet quam
20 potens et sapiens praestantior est quam iracundus. *Itaque* in omni calamitate tua patientia utere, quia patientia quamquam amara est cum exerceatur, tamen postea suavior est quam mel et saccharum. Ne unquam obliviscare omni rei tempus esse, atque ea quae non tempore suo facta sunt miseriam et magnam afflictionem afferre, atque
25 scientiam temporis omnis rei magnam esse sapientiam praestantiorem quam omnes doctrinas. Tu assuesce huic sapientiae et cum hominibus vive secundum tempus tuum et mores terrae tuae, ac noli dicere ut omnes stulti senes qui semper dicunt : « Tempus actum fuit bonum, hoc tempus autem malum est. » Omne enim tempus mala
30 et bona simul habet; et si historias mundi intellegimus, omni tempore res reperimus quae etiam peiores sunt quam nostro tempore. Interrogaverunt quondam unum e sapientibus dicentes : « Quale hoc tempus est? » Isque dixit iis : « Tempus est vestrum : si ipsi boni estis, tempus quoque bonum est; si vero ipsi mali estis,
35 tempus quoque malum est. »

Tu autem, esto *bonus et tempus tibi erit bonum, ac ne mores * p. 61.

temporis tui convicieris, sed sine id praeterire cum sapientia sua; nam aetas venit et aetas praeterit. Et omnis aetas in ea sapientia ambulat quam creator eius ei demonstravit, neque quisquam eam avertere potest a via qua dominus omnium temporum eam duxit. Tu autem, bene para facta tua secundum mores aetatis tuae eaque 5 cum illis congruere fac, et precare ad Deum ut eos qui post te venturi sint bona via ducat. Ne doleas propter malitiam temporis tui neve irascare malitiae hominum terrae tuae, sed custodi te ipsum et omnia aequo animo sine praeterire. Et ride perversitatem eorum quae perversi faciant : nam si perversum gravi voce reprehenderis, 10 oderit te et ignominia tibi continget; si vero subsannaris eum sapienti risu, pudebit eum et perversitate sua desistet.

CAPUT XXX.

Ne omni homini confidas qui ad te venerit; nam qui omni homini quem invenerit confidit stultus est. Omnia proba, quod bonum est tene. Cave inimicos tuos semel, sed amicum tuum cave milies quia 15 amicus secretum tuum tradit. Secretum tuum autem quamdiu in corde tuo est, voluntate tua vinctum est; si vero ex ore tuo id eduxeris tu, vinculo eius vinctus es. Ne confide donis hominum, sed confide prudentia tua et opera tua et fructu laboris tui. Et prae omnibus confides donis et favore Dei, at ne confidas amicis tuis, 20 quia cras inimici tui erunt. Confide labore manuum tuarum, qui voluntatem tuam non excedit. Dilige eos qui tecum sociantur quique prope te sunt et simula iis confidere; verum ne cuiquam confidas omnino; et in omni societate *quam inieris*, quaere primum effugium per quod e retibus hominum salvus evadas si tibi male 25 volunt. Esto vigil; neque enim omnes homines qui tibi boni videntur revera boni sunt, neque qui semel tibi bene fecerunt semper tibi bene facient. Vide ergo ne in retia hominum incidas; time Deum ne quicquam mali eis ingeras, neve malum pro malo * p. 62. quod tibi intulerint iis retribuas, sed curam tuam* in Deum iace et 30 malitiam hominum super capita eorum qui eam exercuerint reverti sine. Ne unquam dicas in corde tuo : « Quia inimici mei malum mihi intulerunt, propterea ego malum iis retribuam. » Haec res vana est, neque tibi usui est in vita tua cum hominibus, sed bella et inimicitias infinitas affert; magis autem tibi expedit omnem afflic- 35 tionem qua homines te affecerunt in corde tuo abscondere.

CAPUT XXXI.

Coerce iram tuam, quae in corde tuo nascitur; nam ira prudentiam exstinguit neque cum voluntate Dei congruit qui omnes iussit una vivere in hoc mundo et sese invicem amare et iuvare. Iracundi autem in pace una vivere non possunt, sed cotidie inter se rixantur,
5 sese invicem malis devovent, verberant, interficiunt. Ne sis ut isti, sed bene para vitam tuam sapientia et remotus *a coetu hominum;* ne iniuste aut violenter agas, quia suavitas vitae in vita remota et humili reperitur. Quam ob rem procul abesto ab omni superbia, atque cor tuum ne superbum sit neu ambules cum superbis aut cum
10 nobilibus associeris. Ne aliis praestare studeas, sed aequus et remotus inter homines esto, et multam pacem apud te invenies. Nam ut is qui in platea infra ambulat casum non timet, is autem qui exit in tectum supra casum timet et pro altitudine *tecti* erit casus infra et confractio : ita eum qui remotus a coetu hominum
15 vivit, ignominia non invadit; is autem qui gloriatur et se prae hominibus effert, ignominia afficietur et contumelia inquinabitur, et invidia odiumque omnium hominum contra eum exsistet.

CAPUT XXXII.

Ne studeas hominibus praefici, quia praefectura munus grave est atque praefecti durum iudicium inveniunt. Si vero hominibus
20 praefectus eris manum tuam erga eos ne gravem reddas neve vi et violentia eos opprimas, sed iustus esto erga omnes, erga magnos et erga parvos, erga divites et erga pauperes, neve faciem hominum timeas sed omnibus ius redde iuste sine ira et studio. Ne eos subiicias amarae servituti aut servitio, sed tuere eos ut liberos tuos,
25 iique te non metuent sed amabunt, et tu pacem reperies inter eos et apud Deum favorem. Si iniurias intuleris iis qui potestati tuae subditi sunt, time : nam in corde suo tibi maledicentes ad Deum clamabunt; *Deus autem clamorem pauperum cito audit. Ecce praeparavit tibi iudicium firmum quod tempore statuto tibi obveniet, ac ne multa
30 poenitentia quidem tu id abs te arcere poteris : tum quaeres qui tibi adsit, sed non reperies, atque ad Deum clamabis, sed te non audiet. Ne unquam dicas : «Hodie delecter omnia faciens quae desidero, posthac venient quae ventura sunt»; obveniet enim tibi dies iudicii amarior quam mors, et frustra resipisces, et incassum loqueris, ut

* p. 63.

Antiochus rex iniustus, qui superbia cordis sui male egit quemque Deus magna castigatione punivit : qui cum corpus eius morbo vermium putresceret ut impurum cadaver et in eo esset ut moreretur : «Nunc, inquit[1], reminiscor omnium malorum quae liberis Israel intuli»; atque amaritate morbi et tristitiae mortuus est; nam Dei iudicium eum persequi non desiit. 5

Tu autem time si male egeris cum proximis tuis; quia Deus tibi magnopere retribuet, atque omne grave onus, quod multis aliis imposueris, tibi soli per te ipsum portandum erit idque gravissimum, neque id a tergo abiicere poteris. 10

CAPUT XXXIII.

Atque sicut apud Deum nihil mali relinquitur quod non pari modo puniatur, ita bonum opus non sine pari mercede manebit. Ideo bene agere cum omnibus ne desinas; Deus enim omnia quae bene feceris accipiet, numeret, metietur, apud ipsum recondet, ut tibi tempore statuto retribuat. Tu oblivisceris quae bene egeris, sed 15 Deus nunquam obliviscetur. Quam ob rem bene agere cum omnibus quantum potes ne intermittas. Atque cum tristes videris eos consolare; cum esurientes videris, ale eos; cum nudos videris, vesti eos : esto adiutor omnibus secundum necessitates uniuscuiusque, atque in corde eorum laetitiam felicitatemque illucescere fac, 20 etiamsi per unam tantum horam; consolare afflictos et pauperes visita etiam atque etiam, afflictionem eorum leva, afflictus esto cum iis, cura et iuva eos quantum potes, ut tu quoque tempore morbi et afflictionis tuae auxilium et consolationem reperias.

CAPUT XXXIV.

Tu autem cum aegrotaveris, patienter fer vel magnam tuam 25 afflictionem, ac noli vacillare : confide Deo qui dolorem morbi tui videt et numerat ut tibi pro patientia tua bene* retribuat. Atque * p. 64. si non in hoc mundo tibi retribuerit, post mortem cum ad eum veneris tibi mercedem dabit. Et de hac vita decedere ne vereare, quia mors liberatio est : et cum Deo placuerit te hoc carcere liberare 30 ut ad ipsum eas, gratias ei age; nam magis te iuvat hac turpi ser-

[1] Cf. I Mach., vi, 12.

vitute liberatum volare liberum et lucidum ut angelum in sinum creatoris tui, ibique cognosces et intelleges omnia mysteria huius mundi et pulchritudinem ordinis caelorum et terrae, et plenam vitam vives sine labore aut afflictione, et perfecto gaudio delectaberis et 5 beatitudinem perpetuam et infinitam reperies. Ne diligas ineptias huius mundi in quo tibi manendum est usquedum servitus et temptatio tuae perfectae erint; neque enim tibi licet de eo decedere tua voluntate, sed per voluntatem Dei stat, qui te huic servitio subiecit. Si vero tempus liberationis tuae advenerit Deoque placuerit te carcere 10 tuo liberare, humillime adora eum et gratias ei age et laetus et confidens ad eum ito. Ecce enim vitam tibi praemio dabit quae omni huius mundi vitae praestat. Precare autem ad eum ut tibi mortem tranquillam det teque ex hoc mundo in pace et sibi confisum educat; ne quidquam timeas ex iis quae pravis timenda erunt, qui 15 in ea qua creator eos duxit via in hoc mundo ire noluerunt et servitute omnibus hominibus statuta servire recusaverunt neque opera Dei intellexerunt neque legem naturalem quam ratio eos docebat observarunt.

Tu autem, mi frater, qui consilium meum acceperis atque 20 probaveris, ne metuas in mortis hora, quia ad creatorem tuum ire tibi expedit. O, qui cognoveris animam immortalem plus valere quam carnem mortalem, quid metuis mortem? Nonne libertas plus valet quam servitus; nonne gaudium plus tibi valet quam tristitia; nonne vita praestantior est quam mors? Item, magis expedit ani- 25 mae e corporis carcere liberatam esse quam vinctam. Atque ut vir e carcere egressus lucem solis videt quae eum laetum reddit et calefacit, ita anima nostra e corpore egressa lucem Dei videbit et amore creatoris sui exardescet, sed retrospiciens perditionem huius mundi videbit et mirans dicet: « Quomodo potui illam* turpem servitutem 30 amare? Quid mortem metui quae me in hanc beatitudinem adduxit quae est in saecula saeculorum? » Amen.

* p. 65.

CAPUT XXXV.

Ecce haec pauca, Deo iuvante, scripsi. O mi frater, qui hunc librum meum legeris, si sapiens es, tu quoque scribe quae Deus te docuerit. Ne sis ut lucerna quam subter modium posuerunt, sed 35 lucem sapientiae tuae educ doctum et admonitum filios terrae nostrae, ut sapientia augeatur, peccator autem et ignorantia recte agendi pereat in terra nostra. Neque enim sublime creatoris nostri bracchium noverunt; si vero nossent, eos res vanas sectari puderet. Nam diebus nostris nostrates stulti invidia capti de institutionibus fidei suae rixati sunt, neque ordinem creatoris sui cognoverunt.

Nos autem praeter te, o Domine, alium *Deum* non novimus, et nomen tuum solum invocamus; neque doctrinam tuam propter hominum doctrinas reliquimus, quia praeceptum tuum lux est in terra. Tu autem da nobis pacem, quia omnia nobis dedisti, et rore benedictionis tuae nos delecta, et serva nos ut te veritate et iustitia adoremus. Quia tua est gloria et honor, nunc et in aeternum et in saecula saeculorum. Amen.

Finis huius libri.

INDEX

NOMINUM PERSONARUM ET LOCORUM.

II

INDEX BIBLICUS.

(Secundum ordinem Vulgatae latinae.)